KLYTEMNESTRA'S BAIRNS

Also by Bill Dunlop

Female Wits   Canto Press ISBN 1872961002

Other Diehard drama

Edinburgh's Bedlam Theatre: a history by several hands
ISBN 0 946230 20 X

KLYTEMNESTRA'S BAIRNS

by

BILL DUNLOP

being

The full text of the major cycle
of AESCHYLUS (The Oresteia),
as performed on Calton Hill, Edinburgh.

diehard
Edinburgh
MXMIII

diehard
3 Spittal Street
Edinburgh
EH3 9DY
MXMIII
ISBN 0 946230 21 8

Copyright Bill Dunlop, from whom permission to perform
can easily be obtained.

British Library Cataloguing in Publication Data.
    A catalog record for this book is
    available from the British Library.

with special thanks to Old Grindles Bookshop
for a generous sub of £270 to help balance the
budget on this book.

TAE:

The fowk at gied me the Scots - aa o ye.

An tae

Carol - faa kens fit wye. An fit wi.

This play can be performed by a minimum cast of seven actors, in which case it is suggested that parts be distributed as follows:

ACTOR 1:
Watcher (Act 1), Cassandra (Act 1), Elektra (Act 2)

ACTOR 2:
Chorus 1 (Acts 1 & 2), Fury 1 (Act 3)

ACTOR 3:
Chorus 2 (Acts 1 & 2), Fury 2 (Act 3)

ACTOR 4:
Chorus 3 (Acts1 & 2), Fury 3 (Act 3)

ACTOR 5:
Klytemnestra (Acts 1 & 2), Athena (Act 3)

ACTOR 6:
Apollo (Acts1& 3), Agammemnon (Act 1), Pylades (Act 2), Aegisthus (Act 2)

ACTOR 7:
Herald (Act 1), Aegisthus (Act1), Orestes (Acts 2 & 3)

The first Act of Klytemnestra's Bairns was presented as part of the 1990 Edinburgh Festival Fringe, at Diverse Attractions, Riddles Court, and subsequently at Theatre West End, Princes Street. It gained an Edinburgh Evening News Capital Award the same year.

    The actors were: Caroline Anderson, Michael David, Ailidh Fraser, Lorna Irvine, Simone Lahbib, Lyndsay Maples, and Greg Powrie.

    Direction was by Michael David, stage management by Craig Robertson, assisted by Andrew Reilly, with lighting by Amanda Muir.

ACT 1 - KLYTEMNESTRA

THE SETTING CONSISTS OF THREE DOORWAYS, UP STAGE LEFT, UP STAGE RIGHT AND UP STAGE CENTRE. EACH OF THESE IS CURTAINED. ABOVE THE LENGTH OF THE DOORWAYS RUNS A WALKWAY, WITH STEPS LEADING DOWN TO LEFT AND RIGHT. THE WATCHER IS ASLEEP ON THE WALKWAY. APOLLO ENTERS AND SETS THE BADGE OF THE HOUSE OF ATREUS ABOVE THE STAGE LEFT DOORWAY.

APOLLO Noo aa is set, an here ye see the Hoose o Atreus,
at hauds an mairks the laund o Argos.
Apollo am I namit. A Goad. At is famit
fir mony a bauld an craft-lik deed.
This Hoose o Atreus stauns noo weel cursit,
an 't wis I, Apollo, at made it sae.
At aa whae mairk the oan-gauns aneath its roof,
micht cam tae ken the meanin o justice, an o truith.
Atreus, whaes hoose this wis, hid a brither.
Yin Thyestes. They twa redded Argos thegither,
til, fir the seducin o Atreus spouse, Thyestes wis
forcit frae this hoose, tae wander ower the yird.
But his name lived oan. His bairns tae. Back he
cam, seekin tae be reconcilit wi 's brither, Atreus.
Whae cookit a denner. O Thyestes bairns.
Aa sauf yin, Aegisthus, at pleyed wi Menelaus an
Agamemnon, the twa sons o Atreus, at growed tae
redd Argos thegither. Til Helen, wife tae Menelaus,
wis seducit bi Paris, an wi him fled tae Troas. Gif
Agamemnon wad sail wi Menelaus, tae fetch back
Helen, a win wis needed. But the seas steyed
caulm, an Iphegenia, dochter o Agamemnon, wis
made the sacrifice. Doun the weary years o war wi
Troas, Klytemnestra, Queen o Argos, wife tae
Agmemnon, bearer o their bairns, vowit vengeance
fir her loss an pain. Sae. Noo ye ken.
Mairk weel whit ye see,
fin ye behaud the tale o Atreus' Hoose.

THE WATCHER RISES AND FACES THE AUDIENCE.

WATCHER I've bided here ae year lang,
beggin the Goads tae end ma sang.
Watchin the staurs at shine an glimmer,
at mairk tae the yird baith winter an simmer.
At brenn wi pooer an redd the lift as kings.
But I am nae astrologer. Nor philosopher,
sae lat me speak plain. Klytemnestra, at is Argos'
Queen, bad me bide here an see whit micht be seen.

WATCHER	Fan yon beacon til the East sal flame,
	it tells at Troy is doon, an endit is oor shame.
	Fair Helen sal lig yince mair i Menelaus' airms,
	oor airmy sal suin be farin hame.

THE WATCHER INDICATES HER BEDDING.

WATCHER	Ma pallets set oan Atreus' roof-tree,
	the better tae watch fir signs bi laund or sea.
	But its cauld 's an errant wife's kiss.
	I'm feart, an cauld, an damp,
	an longin fir ma ain luers airms,
	at 's lang gane tae Troas waas, an aa wars hairms.
	I cannae sleep, nor dream o aucht at isnae fear.
	gin I war tae stairt a bittae music i ma mouth,
	certes it wid dee o drouth.
	Ma hairt ligs cauld atween its beats,
	dreadin whit's tae haippen neist,
	i this auld hoose wi its shamefu deeds.
	Sae, noo I pray i ma great need -
	Zeus, end ma darg. Licht the flame,
	at tells at Troy is doon, an endit is oor shame.

CHORUS 1, 2 AND 3 ENTER, IF POSSIBLE, FROM THE AUDIENCE.

CHORUS 1	Years hae gane past, ilk yin lik the last,
	sin Menelaus an bauld Agamemnon,
	thae twa redders o Argos,
	tuik wir men awa tae Troas,
	whaur mony a yin a grave has fund.
	Victims aa o lawless passion,
	at wis begun bi Paris,
	at is Prince o Troas,
	an Helen, sister tae wir ain Queen.
CHORUS 2	Doon i the stour an glaur,
	the muirs o Troas becam a killin-yaird,
	whaur heich abune the soun o battle,
	Bleck Daiths sang wis heard a-rattle.
	The soun at 's heard ower aa the yird.
	An sae it sal be, til aa the blades are liggit doon,
	an aa the banners lig weel-furled.
CHORUS 3	An ilk lane day o the lang weary war,
	we, the weemen o Argos, lived an darged alane.
	Wi nae man tae share oor wark an pain,
	nor gie oor tuim lives a meanin.
	But sin we are nocht sauf weemen,
	we maun tak up wir burthen, an no complain

CHORUS 2	Seein we are nocht sauf weemen.
CHORUS 3	An sae we dae. An ilk day, aa that we aye dae, in plantin an reapin, in makin an reddin, has nae joy in 't seein at we dae it fir wirsels. Alane.

A LIGHT FLARES, AND IS NOTICED BY THE CHORUS.

CHORUS 1	Somethin's brennin!
CHORUS 2	Kin ye no smell the reek at 's risin?

THE WATCHER DESCENDS FROM THE WALKWAY.

WATCHER	I maun rin an tell wir Queen o this! There'll be rejicin yince the flame is seen. An Klytemnestra's juist the lass tae lead the dance. We'll yet see hizzie an ledy throu Argos prance!

THE WATCHER EXITS BY THE STAGE LEFT DOORWAY.

CHORUS 3	The stir at 's in the toun the noo minds me o the day oor great King pit tae sea. Fin he an aa wir men gaed tae war, aa fir the sake o Menelaus' hure. Fair Helen at awa wi Paris ran, an frae this toun tuik aa oor men.
CHORUS 2	Min oan Chalchas, doitered auld fule, at Aagamemnon made the airmy's priest, tae gie tae the wise his thocht an rule? They brocht tae him a hare wi leverats burstin. He gies it a luik an bleats oot "Destruction!", sayin at wi us, the Goads wis displeasit.
CHORUS 3	The wins o Fortune dee'd, tae pruve the auld fule hidna leed. The trieres o Agamemnon liggit i the hafen. No stirrin. Lik they wis coffins fir the deid.
CHORUS 1	Nae thocht wis taen o raip, or sail, or riggin. Lik i the Pliedes they wis liggin. Tred wis guid aroon the toun. Aa at wis needit wis a winnin smile an a kirtle goun. There wis dancin an clash an muckle wine wis spillit. But minds turnit haurd as day intil day ... Slippit.

CHORUS 2	Again wis heard auld Chalchas vyce, cryin the dearth o wind the Goads device, tellin Aagamemnon he hid nae choice. His ain dochter maun be the sacrifice.
CHORUS 1	Apallit bi the auld yins prophecy, doon gaes Aagamemnon wi his Kings rod. "Say ye na! Say ye na! Sic cannae be the will o Goad! Ken ye na whit ye wid hae me dae? Gif I murther ma ain bairn, then richtly am I cursit, an sae 's the Hoose o Atreus! The Goads at last hae me worstit. Gif I canna, willna dae this thing, the winds salnae blaw fir Aagamemnon, an Menelaus maun sail alane tae fetch back Helen, an sae Aagamemnon maun lig disgraceit."
CHORUS 2	Oor King thocht, an thocht. Daurk wis his broo, as deep he drank o Chalchas' pisin brew, gien tae him bi the prophecy o the auld fule. An syne he cam tae ken whit he maun dae. A demonstration wis demandit, o his kingly rule, bi aa o them foregaitherit i reddless Argos. Haurd. An strang. An eydent fir war.
CHORUS 1	I min yet the cry o "Faither, help us!", ower-lowpin the prayers o Aagamemnon, o her they cairrit, boond lik a cauf, tae the altar.
CHORUS 3	Steekin her mou wi a clout, fearfu o the curses she micht lat oot, agin her faither an aa the warld.
CHORUS 2	I min her een, sae luein an sae pitifu, tae aa o thaim at were her faithfu killers, at luikit awa frae her, an frae ilk ither. I min, tae, the luik o her mither, an whit yon luik wis foretellin.
CHORUS 1	An I, whae hid nae wurd, naethin, turnit ma heid an waulkit awa.
CHORUS 3	I saw nocht, but kent mair nor eneuch. Heard i ma heid, agin an agin, the scream as the blade fun a hame i the breist o the lass. An I hear it. Hear it still.

KLYTEMNESTRA ENTERS BY THE STAGE LEFT
DOORWAY. THE CHORUS MAKE A LOW BOW.

CHORUS 1	A guid day tae Klytemnestra, at is oor Queen! An tae her fowk an Goads! We hae gaithert, gracious Ledy, tae dae ye honour, as is fittin, sin ye are oor Queen, sae lang 's bauld Agamemnon's awa, trauchilt wi the darg o war.
CHORUS 2	Hae ye ony wurd o yer guid Laird? Ony wurd o him at is oor King? Gif ye hae, we at are his fowk wid be gled tae share it wi ye. Else ye sal fin we'll bide oot the day here, waitin on ony scrap at souns lik news.
KLYTEMNESTRA	Ye sal hae the best wurd I, nor ony, hae heard thae mony, weary years.
CHORUS 3	Whit mean ye, Ledy? There's but ae bit news wid stir oor breists sae.
KLYTEMNESTRA	An I'm here tae gie it ye! There's trieres i the bay!
CHORUS 1	Whit mean ye bi that, Ledy?
KLYTEMNESTRA	Troas is taen! Yon hure-fillit toon is nae mair. Brent an doon at last!
CHORUS 3	Sae. Yon is the news ye hae. I'm near bleer-eed aready, thinkin o sic a thing. Chokin wi the joy o 't. But Ledy, are ye shair?
KLYTEMNESTRA	I hae the wurd o a Goad fir it.
CHORUS 1	Meanin... Ye hid it in a dream?
KLYTEMNESTRA	I tak nae heed o sic fancies.
CHORUS 2	But ye said a Goad...
KLYTEMNESTRA	Bi whilk I meant the Goad o Fire! Troas' brennin touers an waas wis signal tae licht anither pyre. At licht anither. An anither still. Frae roch tae ridge, frae ridge tae hill.

KLYTEMNESTRA	Til the licht stretched awa, ower an across the Firth tae here. Sae noo the bairns o Argos maun ken the darg o bauld Agamemnon. Troas his peyed. Redded noo are Menelaus' wrangs.
CHORUS 2	Sae noo they're returnin? Agamemnon, an thae whae went wi him?
KLYTEMNESTRA	Kin ye no hear? Are ye aa deef? Yon's the soond o oars cuttin watter! The daith-rattle o Troas is the maitter oan the lips o thae whae are returnin. There's been clash o hoo best tae divide its gowd an siller, its airtfu hingins an its stane-wark, at mairked the pow'r o Troas tae aa the warld - aa whae passed aneath its portals - ambassadeur, traiveller or sodger. Troas is doon, an lik a wrastler at's spent, winnae, nor cannae rise again.
CHORUS 1	There'll be sodgers yet i the streets, struttin aboot, sauf 'neath Argos ain cockade. Whit's a sackit toun tae a gallus sodger lad?
KLYTEMNESTRA	Nocht sauf an excuse tae thieve an rob, gie mair grief tae lasses whae aaready hae mair nor eneuch, dae aa mainner o thochtless, nameless hairms. Ye Goads, lat us dae nae mair!
CHORUS 3	Noo we ken ye hae spake true, an no i jest. Aa hail tae ye, Ledy, at his Argos i yer keepin! Lat us pray tae Zeus. Pray at sae lang a war, wi aa its grief, wis worth the cuist.
KLYTEMNESTRA	'T is fittin at we dae sae.
CHORUS 3	O Zeus, at is baith daurk an licht, gie o yer pow'r tae aa whae believe i Ye. Ye kest oot yer net, an in 't ye gaitherit the touers o michty Troas. Lang, lang his it taen. The net gaein first ticht, then slack, then ticht yince mair. Oor sodgers watcht bi day, bi nicht, waitin fir their bluid-lust tae be slocken. 'Til noo. Wurds cam. At last.
KLYTEMNESTRA	Troas is doon. Thanks be. Tae Zeus.

KLYTEMNESTRA EXITS BY THE STAGE LEFT DOORWAY.

CHORUS 2
'T was Paris at brocht war tae us.
Him at cam gangrel frae Troas tae Argos.
He spyit Helen, wife tae Menelaus.
Luikit intae her daurk an bonny een.
She spyit him, luikit awa, syne back agin.
An sae the deed wis dune.

CHORUS 3
Lik some lichtsome hure,
she strippit her bouer
o aa Menelaus' gifts.
Persian stanes. Tyrian claith.
Samian ware. Gowd frae Thrace.
Aa liggin wi Helen i a Troan hauld.

CHORUS 1
But while Paris pleyed the lover,
wi her at wis anithers, bi law gif no bi wish,
the pairks o Argos ligged undarged,
oor bed-claes sae smoo's the sea
ower whilk oor trieres sailit,
orr nichts as endless as thon
watter at ligged twixt oorsels an thaim we lueit.

CHORUS 2
Aa at cam back til us wis urns.
Fu o ash. Tae be smooered
bi the saut o wir tears.

CHORUS 3
There wis thaim at tae hurein turnit.
Thae whae return ocht no tae be surprisit,
fir fu mony o Agamemnons trieres
cam back wi nocht but ash. Ashes o thae
whae hid deed fir anither mans wife.
Leavin til their weedows nocht sauf the trash
o a lueless, darg-fillit life.

CHORUS 1
Tae thae whae wid condemn,
I hae nocht tae say. Fir they are nocht sauf men.
Whae hae focht. Killit. An ken nae better.

CHORUS 3
Aa that his gane. An fir aa that we hae endurit,
lat me say, aa praise tae Zeus.
Whae gies tae aa whae suffer,
pleesure aifter pain. Lik the silken patter
o simmer rain, or the mou o a new-birthed
bairn, seekin its mither. An lik mithers aa,
we aa hae suffert.

CHORUS 2	Mair pain hae we noo nor afore, warslin life intil the warld. Noo Zeus, seein an kennin wir darg, gies til us balm fir wir sufferin. See yon licht at 's yet aflame! It's tellin us at Troas hasnae 'scaped hairm.
CHORUS 3	Thon michty toun 's but rubble noo. Daith 's a thing no even biggins cheat. Her fowk noo lig i chains. Theirs the pain at yince wis oors. An fir that we are noo requite. Thanks be tae Zeus!
CHORUS 1	Aneath Atreus' roof-tree, there's yet daurk an drumlie wark. Oor Queen, Klytemnestra, his gotten anither man, tae kiss her mou. Tae haud her haund.
CHORUS 2	Oor King, Aagamemnon, wis lang gane tae the darg o war. Ower lang fir ony luer tae be sae faur awa. Ower lang fir ony bonny wumman tae lig alane.
CHORUS 3	Raither wid I be bi ma ain fire-side, than staun here, watchin thae flames glide an flicker an cheynge, turnin the daurk nicht intil a different day. A new day. Wi nae battles, nor sorties tae be focht. Nae thocht o cries i the nicht, nor steel flashin bricht afore sinkin intil flesh. Fir noo in Argos, there's daurker wark nor battles.
CHORUS 1	Kin ye no see, guid mither? The hale o Argos ligs noo a-brennt wi beacons!
CHORUS 3	Whae's this comin?
CHORUS 1	Juist lik an auld wife, tae stairt speculation!
CHORUS 2	Aye. An wi nae confirmation!
CHORUS 3	I hear a rinner!
CHORUS 2	I sal believe it fin I see yin. No afore.
CHORUS 1	It 's a laddie. He's cummin frae the hafen. Rinnin aa the wey.
CHORUS 3	A herald, mebbe, frae the airmy! Messenger frae Agamemnon, cummin tae tell aa fowk tae be ready. Tae prepare fir celebration.

THE HERALD ENTERS FROM THE STAGE RIGHT DOORWAY.

HERALD

Here's the yird at heals aa sowls!
Blessin tae ye, an aa at 's oan ye!
Ye dear, douce pairks o Argos!
Launds I hae kent sin birth!
The dreams I hid o ye are loast,
brennt frae ma min bi ugsome war.
But noo I am hame, lat me keep the aith
I swore 'neath Troas waas.
"Lat me dee in Argos, gif I'm spared tae win hame."
Greetin tae aa fowk! An tae wir Goads.
Oor King is back frae the brennin toun, whaes suit
an stour noo blot oot wir passin shame.

KLYTEMNESTRA ENTERS FROM THE STAGE LEFT DOORWAY.

HERALD

The pairks o Troas lig brennt tae ash. Its' biggins doon.
Suin nane sal ken at ony lived atop yon heich hill.
Paris an his cheatin kin are noo acquaint
wi the weys o justice. Thanks tae the bairns o Argos.
Agamemnon noo is returnin. Back til his ain.
An wi him cams a glorious fame. Dear bocht
frae the foul-reekin trenches afore the waas o Troas.
Helen, yon hizzie at began the war, is theirs nae mair.
The Traons hae loast their toun an fowk.
Aathing at stuid upo their bit yird is gane.
Noo they maun dree their weird,
an tak up the yoke o service,
'mangst fowk an tounge they dinnae ken.
Mournin aye fir michty Troas,
an the douce-lik freedom they'll nae langer hae.
An tae min, an min agin, aa that.
Aa that. Aa that they hae loast.

THE HERALD, REALISING THAT KLYTEMNESTRA HAS ENTERED, ATTEMPTS TO BOW. KLYTEMNESTRA INDICATES THIS IS UNNECESSARY.

KLYTEMNESTRA

No fir a meenutes pause did I doot,
nor through aa the years o pain.
I kent at ere lang, Aagamemnon wid win hame,
an at last, I wid see his face again.
Yon deme o mines lauched.
Them at wis ma frieres lauched.
Tellt me I maun be saft, tae think o sic a thing.

KLYTEMNESTRA	An sae they cried yon beacon nocht, sauf mebbe the brands o traivellers, or mebbe the muir o some puir cotter, ill-gettedly set licht. But I kent it wid be nocht, sauf Troas.

THE HERALD STAGGERS AND APPEARS TO BE ABOUT TO COLLAPSE.

KLYTEMNESTRA	Dinnae fash noo, yer tale tae feenish. The guid demes o the toun sal gie ye a pot o yill, brewit 'gainst sic a day. Dinnae fash tae hae yer say, an sae ower-rax yersel. Tae her whae is an honest wife, there's nae thing sweeter an the touch o him whae's hauf her life. I wid hae Agamemnon mak aa speed. Here sal he fin a welcome at is fittin indeed.

KLYTEMNESTRA EXITS BY THE STAGE LEFT DOORWAY.

CHORUS 1	Lat us revive ye.

CHORUS I POURS ALE FROM A JUG INTO A BEAKER FOR THE HERALD.

HERALD	Here's tae Klytemnestra, at 's pruved hersel an honest deme.
CHORUS 1	There's them, her true thochts micht jalouse. But tell us, Herald, whaurs yer airmy?
CHORUS 2	Whit kin o conqueror's hamefarin d' ye cry this?
CHORUS 3	Whaur lig the pooerfu ships o Argos?
CHORUS (OM)	Whaur's the men o wir toun?
HERALD	There's nane livin at micht say whaur yer men-fowk micht be. Nae vyce kin tell ye o their fate. Nane sauf the waves o the sea. Haurd wis oor vyage back frae windy Troas. Blek wave oan bleck wave sped ower the decks o wir trieres, an we cooered as if we war afore the Goads, whae seemed tae mock wir haurd-won fame, an socht tae lounder us lik bairns,

HERALD	fir aa the shame we hid tae Troas brocht.
Baith hulls an oars were splinterit.
Oor trieres spun aroon an aroon,
lik toys i the hauns o the Goads.
'Til at last, the dawin cam upo us lik baum.
an we liggit sauf upo the breist o the sea;
sea at wis daurk an thick wi bodies,
as the nicht hid been wi storm an win.
Bodies an masts an oars an riggin,
sae faur as the een micht see.
But we, at ligged oan Agamemnon's ship,
we wis sauf. Sauf tae weep an mourn,
an feel fu guilt, at were alive amangst sae mony deid.
An sae I feel it yet.
CHORUS 1	Whit o Helen? Her whae causit aa?
HERALD	I ken na.

THE HERALD EXITS BY THE STAGE RIGHT DOORWAY.

CHORUS 3	Oor Queen Klytemnestra's sister,
his pruved tae be weel-namit,
fir Hell she's gien tae mony men.
An fir sic service she sal be famit.
They hae peyed fir the ghaist o her kiss
wi their verra lives. Twa hunner trieres
sailit awa fir windy Troas.
But ane his returnit.
CHORUS 1	Paris thocht at by his smile,
he'd bocht himsel a kitten.
Weel, the cat's oot the baug noo.
It's turnit tigress, an murtherit the bairns o Argos
afore they wis conceivit.
CHORUS 2	Helen wis sister til oor Queen.
They pleyed an lauched thegither, aa their bairn-hood.
Lauched an pleyed through aa the Hoose o Atreus.
An fine we ken hoo yon hoose wis cursit.
CHORUS 3	I chuse no tae believe yon auld tale.
The Goads punish nane but the deservin.
CHORUS 2	Aye. Ye're richt eneuch.
Naewhere but i the hoose o the pair,
ligs justice an truth.

CHORUS 1	I widnae want the pooer o a King. Nor aa his jewels an finery, gif I thocht they wis smearit wi the bluid o ma ain dochter...
	AGAMEMNON AND CASSANDRA ENTER BY THE STAGE RIGHT DOORWAY.
CHORUS 1	Aa hail tae oor King, the bauld Agamemnon!
CHORUS 2	Hail til oor King, The son o Atreus! Bauld redder o Argos!
CHORUS 3	Welcome hame til Atreus' joy! Aa hail tae the dinger-doon o michty Troas!
CHORUS 1	Hoo sal I honour ye, ma King? Nae tyrant ye, at is oor faither, whae trusts at his bairns sal gie him nocht but truth.
CHORUS 2	I salnae haud back frae ye at which is yer due, nor flyte ye in aulden style, nor seek tae flaitch ye.
CHORUS 1	Nor sal I gie ye faus smile or wurd. No tae ye at is ma King.
CHORUS 3	Nor sal I lee tae ye, ma King. Ye at is redder an leader o Argos. Ye whae swore at back ye wid Helen bring, nae maitter whit the cuist, frae windy Troas.
CHORUS 2	Ye left this toon lik a forsaken wife, an sent back tae 's nocht sauf urns, fillit wi oor verra lives, fir sae were thaim at deed tae us. Noo are ye returnit tae 's, an fir at we gie the Goads thanks.
CHORUS 3	Noo, Agamemnon, ye maun waulk through the toon. Fin oot whae his stuid by ye. An whae hisnae.
AGAMEMNON	Guid salutation tae aa the fowk o Argos! An tae wir Goads! The muirs o windy Troas noo hae a heavy load. Corps lig upo the yird lik a hairst at 's taen. The Goads fir sic glory noo be thankit, whae lang hae darged, tae bring us hame.

AGAMEMNON	Wi ae vice aa the Goads
	spake tae me, sayin frae this weird ye sal
	ne'er be free, 'til Troas is doon, its sodgers deid,
	its waas nocht sauf ash. An noo its dune.
	Fir sic glory, lat aa the Goads be thankit.
	Ye weemen o this toun, tae ye I turn.
	Frae the youngest hizzie tae the auldest wife.
	Aa o ye hae loast. Faithers. Luers. Gudemen. Brithers.
	Tae this lang daurk strife.
	Fir the haurd luiks ye gie me,
	I dinnae blame ye.
	Sic is nocht sauf the weird o thaim
	whae hae bocht their fame
	wi the lives of ither, mebbe better, men.
	But noo is yer King cum hame.
	An ye sal see hoo a King kin darg,
	fir his fowk an kin.
	A fu assembly o wir tounsfowk sal be cryit.
	In aa the time I hae been awa,
	things are lik tae hae been neglectit,
	sin a wuman's been oan the throne.
	I hae nae doot at Klytemnestra,
	her at is ma ain life's pairtner,
	his dune aa that she micht,
	tae redd aa things intae order,
	an tae dae aa things at are richt.
	Natheless, aa sal be examinit,
	an sae needs be, reformit.
	Gie thanks, ma freends!
	Yer King is returnit, an sal mak amends!

KLYTEMNESTRA APPEARS AT THE STAGE LEFT DOORWAY.

AGAMEMNON	Noo I maun enter the hoose o ma faithers, as is fittin,
	at the biddin o ma ain leal wife.
	I maun pray til wir Goads.
	I wid raither they hidnae sent me tae windy Troas.
	But noo I am cum hame. I am wi ma ain fowk again,
	at are true an leal. Bluid, aifter aa, is but a vanishin stain.
	Its mairks dinnae last sae lang as fame.
KLYTEMNESTRA	Ye weemen o Argos, I am no ashamit
	tae staun here, afore ye aa an awn ma laird.

KLYTEMNESTRA EMBRACES AGAMEMNON.

KLYTEMNESTRA	An tae greet him fittinly afore ye aa.
	Fir wi the years, at were sae lang an weary,
	ma shame his gane.

KLYTEMNESTRA RELEASES AGAMEMNON FROM HER EMBRACE.

KLYTEMNESTRA　　Aa o ye at are here gaitherit ken whit 't is tae lig alane.
Tae hae nane tae share the joy an dule o ilk
lane day. An nicht. Sae forgie me, forefauchilt
as a bairn, new lairnin the wey tae end the hurtin
at 's wi'in me. Gled tae claith ma luer wi ma airms,
no thae he's borne i barbarous war.
Aa o ye ken tae, whit 't is tae live bi rumour,
an oan fancy. Tae lig yer howps
oan messenger upo messenger,
ilk yin wi mair ill tidins nor the last.
Agamemnon wis deid, then livin. Deein an livin
livin an deein wi ilk new dawn.
Ma pallet wis drooned i tears.
First o sorrow. Then joy. Sorrow yince mair.
There bein nane tae solace me i ma pain,
ma brain tuik flicht.
Some ower-kind lass cut the cord at wid hae hinged me
frae Atreus' roof-tree. But noo I thank her.
An gie thanks tae, til wir Goads, at ye are sauf.
An sae's oor bairn, Orestes.
Agamemnon, gif ye luik fir him, he isnae here.
'T was dune at he micht be sauf
frae the wrath o ony, gif ye were slain.
But noo at day is gane.
Ye at last are hame,
an tae ye is a bauld warriors fame,
an the pooer o a King.

KLYTEMNESTRA APPROACHES AGAMEMNON.

KLYTEMNESTRA　　Bi the muin at 's new-born, I staun yer bride again.
An bride-lik I turn tae ye, an seek ma true luve's airms,
i whilk I sal lig free frae hairm. I wid slake masel
o aa yer pooer. Bathe masel i yer glory.

KLYTEMNESTRA INDICATES TO THE CHORUS, WHO UNROLL A RED CARPET FROM THE STAGE LEFT DOORWAY, TOWARDS AGAMEMNON.

KLYTEMNESTRA　　Noo aa is redded, an fittin fir him whae is the conqueror!
The fit o him whae his brocht doon the touers an waas o michty
Troas salnae touch the yird o Argos.
'T is mair fittin at sic a yin
waulk upo this reid claith.
Reid fir thaim ye hae slainit.
Reid fir yer pooer an yer glory.
Reid fir the colour o yer justice.

KLYTEMNESTRA	Lat aa the Goads see. An judge, gif they maun. I dae but whit I kin.
AGAMEMNON	Klytemnestra, ma ain dear wumman, I gie ye thanks fir whit ye 're daein. Yet I am nocht sauf King o this fair toun. Fir the Kings o Argos there's nae Persian tiara. Nocht sauf a simple ring o gowd, bi whilk King tae fowk is waddit. Sic cantrips are ill tae bear. I dae nocht sauf follow wir laws an Goads. Nae mair. Sae I cry upo them noo tae protect their sairvint, Agamemnon.
KLYTEMNESTRA	Priam wid hae daen it.
AGAMEMNON	Priam wis a Troan, an he's deid.
KLYTEMNESTRA	Gif ye are truly a King - King o ma hairt, ye'll gie in. Dae this, at is sae sma a thing. Gie obedience tae yer truest subject. Juist fir yince.
AGAMEMNON	I ken ower weel whae is ruler an whae subject i the laun o the mairriage-bed. But oan sic a day as this, whaur ligs the pint i sic fripperies an fancies?
KLYTEMNESTRA	Ye hae said it yersel. 'T is nocht but a fancy o mines. Sae waulk upo it.
AGAMEMNON	Ther's yet ae thing I wid speir. At ye tak this lass here as a dochter. No a prisoner tae be ill - yasit. The lass is a Princess, as ye are a Queen.

AGAMEMNON TAKES CASSANDRA'S HAND AND PLACES IT IN KLYTEMNESTRA'S.

AGAMEMNON	Sae, gif there be peace atween we twa, I sal waulk upo this claith, an sae pruve at I am yer sairvint, tae ma deein braith.

AGAMEMNON MOVES TOWARD THE CARPET.

AGAMEMNON	Howp ye at nae Goad sees me, an seeks tae strike at Agamemnon, as he drinks the lees o sae dear-bocht a victry as Troas wis. O but Klytemnestra! Ma ain dear lass! Ma fuit sal crush oot the finery o sic a claith! Aa o its ryal sea-shell bluid sal be fyled bi ma buit!

KLYTEMNESTRA	Ken ye na at I wid hae fyled a thoosan reid claiths, Gif I hid thocht it wid hae saufed ye frae daith? But noo are ye cum hame. I cannae want fir mair, gif I hae ma King shair.
	AGAMEMNON WALKS OVER THE CARPET AND ENTERS THE STAGE LEFT DOORWAY. KLYTEMNESTRA FOLLOWS HIM. THE CHORUS FOLD UP THE RED CARPET.
CHORUS 3	Lat us gie thanks fir sic a simmer. I kin hear aa the leaves an burds a-quiver. Noo kin the Hoose o Atreus raist frae labour. Aa stauns ready fir the hairsters knife.
CHORUS 2	Whit is 't maks sic a dingin i ma heid? It feels as lourd 's a baa o leid. I hear yince mair the shairpinin o knives, an the cry o a lass at 's losin her life.
CHORUS 1	A lang whiles gane past, sin Agamemnon sailit awa. An o them at sailit wi him, we sal see nane o them again. Iver. At aa.
CHORUS 1	Whae sal gie us back wir men?
CHORUS 2	Whae sal gie us back wir verra lives?
CHORUS 3	Whit howp hae we, weedowed bi the sea?
CHORUS (OM)	Hoo fir aa we hae lued sal we be requite?
	KLYTEMNESTRA ENTERS FROM THE STAGE LEFT DOORWAY.
KLYTEMNESTRA	Cassandra, ye maun noo tak service wi the Hoose o Atreus. Aifter ye hae bathit, ye maun begin as a sairvent. Fear ye na, ma lass! The hoose o Atreus wisnae biggit bi barbarians. Nor bocht wi thievit siller. Nor won bi dice.
CHORUS 1	Ye maun answer tae oor Queen, ma lass. Though it seems ye dinnae ken hoo tae. I hae been tellt at the spik o Troas isnae canny.
KLYTEMNESTRA	I kin tell. She mairks me fine weel. An sae she sal mairk whit I hae tae say.
CHORUS 3	Cam awa, ma lass. Ye maun enter the hoose o Atreus.

KLYTEMNESTRA	Hurry, lass, fir oor laird is tae hame. There's muckle yet tae dae. Nod yer heid. Dae somethin, tae show at yer unnerstaun.
CHORUS 2	Mebbe whit's lackin is an owersetter! Whit aboot Agamemnon? He wid likely ken whit tae say tae her. The noo she's lik a wee wild burd, puir craitter, at cannae mak us see juist whit's the maitter.
KLYTEMNESTRA	Yon wee wild burd is ower taen up wi her ain thochts, gif ye ask me. Weel, I hae nae taste nor patience tae train her. An I winnae be stared at!

KLYTEMNESTRA EXITS BY THE STAGE LEFT DOORWAY.

CHORUS 3	We arenae angerit wi ye, no lik wir Queen. I truith, I pity ye. But Cassandra, at wis yince o Troas, Princess, 't is as a slave ye maun dee!
CASSANDRA	Apollo!
CHORUS 2	Whit's Apollo tae ye, at ye trauchle him sae, wi yer greif?
CASSANDRA	O Apollo, where is this you have brought me? Whose house is this I see?
CHORUS 1	The Hoose o Atreus. Shairly ye ken at?
CASSANDRA	No! This is the House of Death. That stinks of its own flesh. I see a child that struggles for its life. That pushes from its throat the sacrificial knife.
CHORUS 3	Ye daur tae gie us prophecy?
CASSANDRA	Oh, do you not see the intent of that she, bold and blood-seeking Klytemnestra? O, Apollo, why do you do this thing? Is it your will that I die with Argos' King? This house its own Furies feeds, nourishing them on blood of generation upon generation. The seed has grown. Nothing now but yet more blood can staunch their greed.
CHORUS 2	We hae nae need o prophets here!

CASSANDRA	Destruction is ordained for all this God-less brood. Has Cassandra, the kestral, then found her mark? And having found it, will the blood she draws be her own?
CHORUS 1	Bluid ye hae fund. Hoo cam ye frae Troas, booit doon bi sic a paircel o truith?
CASSANDRA	The God Apollo taught me.
CHORUS 3	Wis ye then the Goad's ain hizzie? Wis ye His deme?
CASSANDRA	He says I ought to have been. But a young and foolish girl, with her head awhirl at the worship of a God, thought to cheat her swain's bargain. So now I prophecy. But none believe me.
CHORUS 2	Sae why suld we?
CASSANDRA	Because I say that your King shall die. And when he does, so shall I.
CHORUS 3	Whit mainner o man micht kill oor King?
CASSANDRA	I did not say that it would be a man. It will be one who does what a King can, in vengeance pure for the child she suckled, whose lips have been still these many years. A poor prophetess this! She weeps tears for what she sees and knows as truth! Take off this cloak! This magicians costume!

CASSANDRA TAKES OFF HER CLOAK, AND MOVES TOWARD THE STAGE LEFT DOORWAY.

CASSANDRA	A stranger has brought me here to die, and it is in his blood that I must lie. The cycle then, has not yet ended. Still the Gods remain offended. In time to come, a Queen shall die for a King, and a Prince shall die for a Princess, and their killer shall be hunted to madness until he discovers who may judge, and who forgive. Apollo! I am ready! I beg from you only an easeful death. May whosoever revenges Agamemnon revenge his slave also.

CASSANDRA TURNS TO THE AUDIENCE.

CASSANDRA	She had no power, save her prophecies that none believed. And so was considered insignificant.

CASSANDRA EXITS BY THE STAGE LEFT DOORWAY.

CHORUS 2	The son o Atreus an the dochter o Priam.
CHORUS 3	The dochter o Priam an the faither o Iphegenia.
CHORUS 1	Maun mair bluid be spillit?
CHORUS 3	Gif sae the Goads will it.
CHORUS 2	List tae the soond o the yird. There's a storm at 's brewin. Biggin tae bring tae 's lichtnin an thunner, at his the kin o pooer at is the warlds ain wunner. Pooer at cleaves baith trees an rochs. At maks us aa o oorsels tak thocht, an tells us at i the hauns o the Goads, we are as nocht...

SHOUTS AND SCREAMS ARE HEARD FROM BEHIND THE STAGE LEFT DOORWAY.

CHORUS 3	O, ye Goads gif ye dae truly hear us, I beg ye ae preserve us aa. I'm fearfu at oor King his noo been slainit.
CHORUS 2	Whit kin we dae?
CHORUS 3	Nocht, but ainly bide oor weird. Bide an lat ithers hae their say.
CHORUS 1	Na. Lat 's intae the palace! Defend, gif we kin, the Hoose o Atreus frae anither blaw. Gif we dae nocht, we sal hae nane but wirsels tae blame fir aucht.
CHORUS 3	Lat us bide. 'T is better sae. Thon wey, we cannae be blamit, bi aither side.

KLYTEMNESTRA ENTERS BY THE STAGE LEFT DOORWAY. HER HANDS ARE COVERED IN BLOOD. SHE HOLDS THEM OUT TO THE CHORUS.

KLYTEMNESTRA	It wid seem bi this, at tae ma laird, I hae leeit.
	Bi ma ain hauns, thae twa are slainit.
	'T was fir oor bairn, Iphegenia, at he killit.
	Ma lang deid dochter, whae tae her faithers will submitit.
	Agamemnon wid mak libation tae wir Goads.
	Noo its dane, an in 's ain bluid.
	Goads, noo gie I tae ye thanks,
	fir aa that his gane. I hae ma vengeance noo.
CHORUS 2	Whit kin o wuman are ye,
	tae thank the Goads sae gratefully,
	ower her ain man's corp?
KLYTEMNESTRA	I wid hae ye ken, at I am the kin o weemen aa.
	Nae mair nor less than ony o ye, am I.
	Faithfu in aa things tae the biddin o Life.
	A faithfu dochter I, at did as I wis bid,
	an sae becam til Agamemnon a leal wife.
	An faithfu mither tae, tae the bairns at I gied sook.
	But I am a wuman abune aa,
	liggin faithfu tae the claims o Life.
	Wid at Agamemnon hid dane sae.
	But he didnae. An in 's ain bluid he lees.
	I but did whit I hid tae dae.
	I seek nae praise nor blame, frae sic as ye.
CHORUS 3	Tae rejice i sae fu a measure
	isnae unco seemly.
	Ye sal shairly bring doon the Goads displeesure.
	Tak tent, Klytemnestra!
	Repent o evil afore ye're deid!
KLYTEMNESTRA	Whit maks ye say the Goads
	sal rob me o ma croun?
	'T wis haurd won an I sal keep it sae.
	Nae usurper sal drive me frae this toun.
	I hae Aegisthus tae gaird an serve me.
	He sal see at nane o ye despise me,
	an at aa o ye gie tae me respec.
	Else, ye're lik tae dee o a sudden.
	Lik yon ... Vile insect!
CHORUS 2	Lat us mourn bauld Agamemnon,
	he at tuik the toun o Troas,
	an bi his ain spouse wis killit.

CHORUS 3 Oh, ma laird! Helen 't is at's taen yer life!
Ye, whae won yon city tae bring back a hizzie,
fu o her ain chairms, back til her ain mans airms.
Lig noo as did yer dochter, douce Iphegenia.
Yer ryal bluid cleavit bi a knife.

KLYTEMNESTRA Pit nae blame oan Helen fir whit's befaan.
'T was Agamemnon spillit the bluid o wir ain dochter.

AEGISTHUS ENTERS BY THE STAGE LEFT DOORWAY.

AEGISTHUS A guid day tae aa!
Fir a guid day it maist shairly is!
a grate day 't is,
sin ma vengeance is fulfillit!
Agamemnon's faither, Atreus,
at yince here wis King,
drove his brither, him at wis ma faither,
auld Thyestes, frae this bonny laund.
Fir mony a weary year he wanderit,
ower laund an sea, an then returnit.
An why no? He wis thocht a deal o,
roon this toon. A brither tae aa.
A freend at widnae lat ye doon.
Atreus, at yet wis King, gied him kingly greetin.
The hug an kiss o peace. But tell me this...
Whit wid ye say - or dae - tae a host
at feeds his guest wi 's ain bairns?
Yince Thyestes kent whit he'd dane -
at his ain bairns - at were ma brithers - he hid eaten
he cryit oot "Lat the Hoose o Atreus crash tae ruin!"
O ma faither, kin ye hear me? I hae dane whit I maun.

CHORUS 2 Ye are deid, Aegisthus!
O that there's naethin shairer.
The fowk o Argos sal be their ain Kings revenger.

AEGISTHUS I hae chains. I hae whups. I hae sodgers,
at wid fair enjoy teachin ye guid mainners.

CHORUS 1 Ye sleepit oot the war,
suaf i the airms o yer ryal hure!

AEGISTHUS An whaur were ye?

CHORUS 3 Tak nae credit, Aegisthus,
fir whit wis dane.
Klytemnestra killit Agamemnon,
hersel, alane.

AEGISTHUS	Sic decoyin schemes are fit wark fir weemen.
	'T was Aegisthus did the plannin.
	'T is me ye hae tae thank. An sae ye sal.
	Fir I am maister noo. Mind it weel. Else ye'll rue.
CHORUS 2	Ye hae plantit, Aegisthus, an ye sal fin
	at ye yersel are reapit.
KLYTEMNESTRA	Lat us no fa oot in sic a mainner.
	Argos is yet a toon wi but ae banner.
	Fir aa at are deed, we maun gang oan livin.
	An ye sal fin at ilk day gies yet fu measure
	o joy an pain, o tears an pleesure.
	Lat us dae nae mair hairm!
	I hae cradled this toun i ma mithers' airms.
	Aa o ye are noo Klytemnestra's bairns.
	Sae I wid hae ye unnerstaun,
	I hae dane whit maun be dane.
CHORUS 1	Klytemnestra, we believe ye.
CHORUS 2	Ye did whit ye hid tae dae.
CHORUS 3	But Orestes, yer bairn sal yet return.
CHORUS (OM)	Ye sal dee bi the haun o yer ain son!
KLYTEMNESTRA	I ken fu weel the pooer o the Goads,
	an at I maun tak up the wecht o ma ain deeds.
	Sae. Set a watcher yince mair upo Atreus roof-tree.

THE WATCHER RESUMES HER POSITION AS AT THE START OF ACT 1.

KLYTEMNESTRA	Lat her keep a watch fir ma bairn, Orestes.
	Lat her watch fir the comin o vengeance.
	Lat her mairk the days an nichts,
	at lig atween justice an forgieness.
	Aegisthus, gie me yer haun!
	Frae whaur we noo staun,
	there's yet muckle at maun be dane,
	tae bring order an reddin
	back tae Atreus steadin.

KLYTEMNESTRA AND AEGISTHUS EXIT BY THE STAGE LEFT DOORWAY. THE CHORUS EXIT BY THE STAGE RIGHT DOORWAY.

WATCHER   I've bided here ae year lang,
beggin the Goads tae end ma sang.
Noo I bide oot the turnin wheel,
at is vengeance, justice an forgieness.
Kennin fu weel at Orestes sal return,
tae sek vengeance fir 's murtherit faither,
tae be himsel judgit an cam tae ken
the meanin o forgieness. An sae I scan
the lift, an seek a thing cryit .. Howp!

END OF ACT 1

ACT 2 - ELEKTRA

THE SETTING IS AS ACT 1, WITH THE ADDITION OF A GRAVE MOUND (AGAMEMNON'S) DOWNSTAGE. ORESTES AND PYLADES ENTER FROM THE STAGE RIGHT DOORWAY.

ORESTES

Noo is Orestes hame!
Agamemnon's bairn waulks the pairks o his ain laun!
Yince mair am I hame, at hame i Argos!
Dear laun is this tae me,
an dearer still, aa at live oan ye!
Argos, ye lig sae bonny afore ma sicht!
O ye hiv I thocht, bi day an bi nicht.
O the pairks an muirs o Argos,
an o the fowk at wid bid me welcome tae ma hame.

ORESTES SEES THE GRAVE MOUND OF AGAMEMNON.

ORESTES

Fit's yon thing? A nievfu o yird, maist shairly.
But happit roon tae mak a grave.
Sic a grave as yon's fit fir nane but a king.
An sae 't is! A king's grave, richt eneuch!
Ma faithers! Sae fit I heard, an thocht a rumour,
at ma mither Klytemnestra hid killit
ma ain faither, a tale I thocht some ill ruse,
trickit oot bi thaim at socht tae dee me hairm,
is sae, aifter aa. Faither! Och, faither!
Hoo I hiv langed tae see ye, an tae hear yer vyce,
bid me welcome back tae ma ain laun.
I wis exilit. Far fae hame.
Sae couldna weep fir ye, nor berrit ye.
Noo am I hame. Sae I kin mourn.
An sae needs be, revenge.

ORESTES TAKES A LOCK FROM HIS HAIR AND PUTS IT ON THE GRAVE OF AGAMEMNON.

ORESTES

Here's a bluid-lock o ma hair.
Sae fin fowk cam tae stare
at the grave o a King,
they sal see, his loon his vowit vengeance.

ELEKTRA AND CHORUS 1, 2, AND 3. ENTER FROM THE STAGE LEFT DOORWAY

PYLADES

Orestes, lat 's staun awa!
Yon weemen are mebbe guid demes
an are mebbe na.

ORESTES	They are but weemen, disturbin bi bein garbed fir mournin. But 't is little at we ken o thaim. Sae. Lat us hide. An in oor hidin, learn.

ORESTES AND PYLADES HIDE THEMSELVES.

CHORUS 3	Elektra, noo we are here at the grave o bauld Agamemnon, lat us raist. The wey his been gey lang an haurd, lik the darg o ilk lane day, ilk weary day at we hae spent 'neath Aegisthus tyrant sway.
CHORUS 2	Here, bi the grave o bauld Agamemnon, oor speerits grow baulder tae. 'T is as if the verra bluid o Agamemnon wis fillin oor veins.
CHORUS 1	Aa o us are Agamemnon's bairns. At yet dinnae hae the courage nor the richt tae tak revenge fir wir slainit laird an knicht.
CHORUS 2	Aa is yin tae us, in this maisterless hoose, at is Argos the noo. Aegisthus is noo the laird o Argos, an sees at ilk day gangs its wey, while we dae naethin. Sauf obey.
ELEKTRA	Lat us spik thegither, sin we are noo alane, cam tae pour libation ower the grave o Agamemnon. I am feart tae pour oot the wine an say "A louin gless fae a louin wife." Kennin at wife is Klytemnestra, ma ain mither. Her at killt ma faither, the bauld Agamemnon. Whae sal revenge Agamemnon, ma ain deid faither?
CHORUS 2	Ye yersel, an aa whae hate Agisthus.
ELEKTRA	Then 't is ye fowk an me. There is nane else.
CHORUS 1	Whit o yer brither, Orestes, at 's wanderin gangrel in exile?
ELEKTRA	The day hisnae gaen at I hivnae preyed fir his sauf hamefarin.
CHORUS 1	Prey fir a man. At sal tak revenge on aa thae whae torment ye.
ELEKTRA	O Yird-Mither, I cry tae ye, tae mairk at I but dae whit I maun dae. O faither, hae pity on me, at is yer bairn, an oan him at is yer son, Orestes. She at bore us baith, Klytemnestra!

CHORUS 3	'T is Klytmenestra at noo nourises Aegisthus, aneath whae's tyrant yoke dees the laun o Argos, an wi it, aa oor fowk!
ELEKTRA	Orestes! Cam ye back, an tak ye oor revenge! I wid seek fir masel nocht, sauf cleaner hauns nor ma mither, an a kindlier hairt!

ELEKTRA POURS WINE OVER THE GRAVE, FOLLOWED BY EACH OF THE CHORUS.

CHORUS 1	Agamemnon, at wis laird o Argos, I dae this i memr'y o ye.
CHORUS 2	Agamemnon, at ligs here slauchterit, I dae this i memr'y o ye.
CHORUS 3	Agamemnon, at sal be revengit, I dae this i memr'y o ye.
ELEKTRA	Noo, ma faither, the yird 's becam drucken, fu o the wine we hae pourit oot, tae dae honour tae him at wis ma faither. But whit is yon?

ELEKTRA NOTICES THE LOCK OF ORESTES' HAIR.

CHORUS 2	'T is a bluid-knot.
CHORUS 3	At is aye the sign o a shair avenger.
ELEKTRA	There's nane noo livin i the Hoose o Atreus wid mak sic a sign.
CHORUS 1	Whae wid hae brocht sic a sign tae sic a place as this?
ELEKTRA	Yin whae his swore tae avenge Agamemnon. Kin ye no see? Yon maun be the sign O Orestes!
CHORUS 3	The laddie widnae daur return til Argos!
ELEKTRA	The time his lang gane sin I wid say at I micht ken sic a thing. Or ken it na. But gif yon isnae the sign o ma lang-gane brither, then whae? The Goads maun ken, whae sic a thing his dane.

ORESTES REVEALS HIMSELF TO ELEKTRA AND THE CHORUS.

ORESTES	Elektra, I am here tae tell ye at the daurk nicht is near gane.
ELEKTRA	Whae is this, at daurs spik sae tae me?

ORESTES	Yin at his a richt tae.
ELEKTRA	Hae ye then cam wi wurd o ma brither, Orestes?
ORESTES	I lig as close tae Orestes as he does tae 's skin.
ELEKTRA	Noo dae I ken! I gie thanks tae wir Goads, at I hae ma brither hame an shair at last!
ORESTES	As I hiv ye, at is ma ain bonny sister.
ELEKTRA	Ye are richtly Orestes!

ELEKTRA AND ORESTES EMBRACE.

ORESTES	Noo at we kin spik face tae face, an yin tae ither, Elektra, at did misdoot me, fir aa ye saw thon knot o hair, an kent at I maun be near. Noo we maun trimmle, an fear fir preyin een.
ELEKTRA	O ma brither! Hoo I hae weepit fir ye, preyed fir ye, an howped fir nane but ye. Aa at I howp fir is fixit upo ye, Orestes Aa - michty Zeus, tae ye I cry, askin ye tae tak pity an tae guide us. Orestes an his sib Elektra staun afore ye; faitherless bairns are we, at hae nae hame, an live lik burdies at hae faaen frae their neist.

ELEKTRA MOVES AWAY FROM ORESTES.

ELEKTRA	We hae nae shelter fae the storm, nae twig we micht ludge upo. I wid hae ye tak pity on 's. Fir whae sal gie ye praise ilk morn, gif yer bonnie burdies lig slainit?
CHORUS 3	Tak mair heed, ma bairnies, o whit 't is ye're sayin. Ye ken na whae micht ower hear ye, nor whilk o them the tyrant micht warn. I wid wish Aegisthus wis aaready gane!

ORESTES	I fear na. Fir I am cam hame. Tae win back this toun, at ligs noo i ma mither's airms. Ma hearth an name sal yince mair be mine. This yird hauds ma hairt. An nane sal mak it forfeit fae me.
ORESTES	Ma ain deid faither, bauld Agamemnon, wid cry his bairn craven gif I didna dee this thing. The fowk o his ain toun sal watch an mairk aa that I, Agamemnon's bairn, sal dee. Gif I suld fail, lat the Furies at gaird ma lang - deid faither's corp, an bide the time til vengeance sal be fulfillit - thaim at waulk aboot i the mirk o the nicht, lig unseen, sauf i the daurkest hoor, cam tae haunt me gif I revenge na ma faither's murther. Gif ye wauk, or gif ye sleep, there is nae escape fae the snappin maws an rippin claws o thaim at are richtly cryit Furies. Fae thaim I sal expec nocht sauf an unkent grave. Sae, fir wir Goads, faa bid me be baith judge an executioner, an fir the fowk o Argos, faa lig faithfu still tae the laws an Goads o oor laun, ken at I but dee fit maun be din.
CHORUS 2	Lat noo the turnin wheel o vengeance, o justice an o forgieness, turn noo yince mair. Klytemnestra, yer time his cam at last. Yer bairn Orestes his noo cam hame.
ORESTES	O ma faither, Agamemnon at yince here wis King, nae wurd o mine sal ye hear noo. Yet fir ye I mourn, an fir aa oor wasted years. Years fin ye wis deep i the darg o war, an I sae deep i the darg o a bairn. We baith hae loast, ilk o ither, an it's fir aa o at I mourn. Fir aa thae years at willnae, cannae cam again, I mourn fir, an fir aa at hiv deed i Atreus' hoose.
ELEKTRA	Hear me noo, ma belueit faither. Hear yer bairns at noo staun bi yer grave. We bring tae ye the tears o oor sorrow, at we ken fu weel 's nae requitin o yer daith.
CHORUS (OM)	Gif the Goads will it sae, the mournin-sang o the bairns o Agamenon sal turn tae a triumph-sang. A triumph fir aa the bairns o Argos.

ORESTES Faither, better ye hid faaen amang the deid o Argos,
wi nae shame, i the front o the battle.

ELEKTRA Na, na, ma faither. It wis no fir ye
tae lig slainit wi the lave.

ORESTES It wisnae yer weird tae breathe oot yer last,
liggin oan the battle-muirs roon windy Troas.

ELEKTRA Ye were a King, an micht hae redded lang,
gif ye hidnae been murtherit bi them ye trustit.

CHORUS 3 O ma bairns, nocht but dream ye dae!
Sic a thing couldnae be. E 'en though
the Itherwarld itsel micht grieve wi ye.
Ye ken weel at thae whae noo bear the gree
hae fylit hauns. The pooer o a new King 's
growit wi a bairn.

ORESTES The grun at ligs aneath ma feet trimmles.
Zeus, at is a pooerfu Goad,
Shak the yird an mak it quake
tae shew yer pleesure.
The faus hairt o Argos' laird sal be mine.

CHORUS 2 Tae us lat it faa, tae dance ower the dauntoned.
Tae hae oor pooer ower the tyrant an his hure.
Lat thaim ken whit 't is, the anger o the puir.

ELEKTRA O Zeus, lat us smash the micht
o thaim whae hae nae richt tae 't.
Ma ryal hairt cries oot fir ryal bluid.
An the end o tyranny.

CHORUS 3 Sic his aye been the wey.
Bluid cries fir bluid.
Aye.

CHORUS 1 O ma laird, Orestes! Yer wurds gie me howp.
Ye tell me at aa isnae yet loast.
Ma een ye see, shinin wi tears fir ye.

ELEKTRA I shanna heed the faus wurds o ma mither.
See afore ye the auld wolf's ae dochter,
as bauld an bluid-seekin as ma sire.

CHORUS 3 I mind yet the bluid.
Liggin ower the steps o Atreus' hoose.
The deed een o Agamemnon,
starin intil nocht.

ELEKTRA	O Klytemnestra! Cruel wife an mair cruel mither! Ye didnae haud back frae naethin, tae gain yer end. Nocht sauf the bluid o a King wid sate yer lust! Agamemnon ye berrit wi nae tears nor mournin. I wid mind ye, mither, at his daith is no forgot.
ORESTES	An sae, ma mither maun pey fir her deeds. Faither, yer bairn is alane. Nae freen hid I sauf yin. An noo, anither. Yet still am I nocht but masel alane. Nae fortune I, nae hame, nae faimly sauf her at I cry sister. O mither, kin ye no see? Bluid cries oot at maun be revengit. I maun tak yer life. An sae revengit, luik fir nocht but tae dee.
CHORUS 3	Lippen noo Orestes. Ye maun hear whit ye suldnae hear. Klytemnestra, fearfu o him she hid slainit, hackit awa the hauns an feet o Agamemnon, fearfu the deid micht yet waulk, an tak their ain revenge.
ELEKTRA	Noo ye ken hoo wir faither's corp wis digracit. I wis but a bairn, an sae wis pitten awa, treatit lik a dug, cheyned tae a daurk waa. A dug at daurna bark fir fear o a neive. Or the flash o a blade.
CHORUS (OM)	Wi a daurk hairt an min, ye sal min aa at ye hae heard us tell ye. Sic noo 's the praisent, Orestes. Mind it noo, as ye mairk whit kin an sal be.
	THE CHORUS MOVE AWAY FROM ELEKTRA AND ORESTES
ORESTES	O ma faither, I cry tae ye noo, tae staun bi thaim at lue ye.
ELEKTRA	Faither, 't is fir ye at I greet, though fine I ken at greetin cannae wauken ye frae yer raist.
ORESTES	Faither, ye didnae dee as a King ocht. Help yer bairns whae hiv nocht, tae gie tae ye a hame at is fittin.
ELEKTRA	I howp fir nocht. Sauf tae see Agisthus deid, sae at I kin dee masel.

ORESTES	O ma faither, fir the sake o yer dochter, at is ma sister, lat me hiv revenge fir ye.
ELEKTRA	Hear yince mair ma cry , faither. Tak pity on us. Lat nae fate blot oot the seeds o yer hoose. Noo are ye deid..
ORESTES	Yet ye alive, fir yer bairns are livin still. An it's their wull at the hoose o Atreus sal yet staun. Sae gie tae us yer blessin. Lat us dae whit maun be dane.
CHORUS 2	Ma hairt noo ligs still, tae hear Elektra pray in sic a wey. It's lik the Day o Judgement's cam. At last. But whit sal happen, whae kin say?
CHORUS 1	I widnae hae ye nor ony set tae judge Elektra. She stauns wi her brither. But greets yet fir an ungratefu faither, killt an berrit bi her mither.

ORESTES MOVES TOWARD THE CHORUS.

ORESTES	Ye weemen o Argos, kin ye tell tae me, fit wey it is at ma mither yet gies libations tae him at she murtherit? Fit 's the eese o sic a cantrip? Klytemnestra's Agamemnon's killer yet.
CHORUS (OM)	Orestes, bairn o Agamemnon, lat us tell ye fit 's the reason. Klytemnestra, at 's yet yer mither, dreamit at she hid suckled a sairpent. Yin at brocht bluid wi it. At rippit at her breists, dug it's fangs intil her saft flesh. An sae she screamit. An screamin, waukit. Yon nicht, brands wis brennin aa through Argos. An frae yon dawn til noo, offerins are brocht tae the grave o Agamemnon, seekin tae appease the Furies o the nicht.
ORESTES	Nocht at ony o ye micht say sal gie me pause. Though I ken fine weel, at I am yon snake. Birthed bi ma mither, at maun yet rip at her breist. At cries yet fir vengeance o fit I cannae name. Ma ain mither's bluid sal, aa the same, Bring me tae ma richts.
CHORUS (OM)	Orestes, tell tae us whit it is at 's tae be dane.

*ORESTES MOVES TOWARD THE STAGE LEFT
 DOORWAY AND MAKES AS IF TO KNOCK.*

ORESTES	I hiv tidins fir the laird o this hoose!
	An, by the by, 't is the time at traivellers suld raist!
	Hiv the ledy o this place, or yer laird cam see us!
	We hiv tidins, an wad fain seek ludgin.

KLYTEMNESTRA ENTERS FROM THE STAGE LEFT DOORWAY.

KLYTEMNESTRA	Ye gangrel budies! Whit is it at ye seek?
	Whit is 't ye lack?
	Here sal ye fin the breid an saut at mairks an honest hoose.
	But gif ye are here oan a maitter o state,
	ye'd best tak tyer burthen tae ma mate.
	I hae nocht tae dae wi sic maitters noo.
	But gif it be sae, tell me, an he sal attend ye.

ORESTES	I am nocht sauf a merchant cheil. Yin at cams fae Phocis,
	far I an ma friere wis askit bi thaim at hid him i their keepin,
	tae tell the fowk o Orestes at their bairn hid deed.
	A guid urn o finest bronze wis bocht tae haud his ashes.
	The loon at we met wi bade me tae speir gif Orestes
	wis tae be berrit exile, in faur-awa Phocis, or be carrit hame,
	an berrit wi his kin.
	Nae mair ken I, but gif ye hiv the richt, ledy,
	I'm thinkin the loon's faither suld be tellt.

KLYTEMNESTRA	This hoose o Atreus faas noo tae dust!
	E'en the Goads we cannae trust!
	Whit wis yince loast his noo been fund
	An aa wir howps an dreams dashit tae the grund.
	Aa at ivir I lueit his noo been loast.
	Ma bairn, Orestes, ma ae son, deid i a faur laund.
	At hid nae kin, nane, tae mourn his passin.

ORESTES	O, at we micht hiv brocht guid tidins,
	an sae at yer hauns earned some kindness.
	There's naethin sae kindly as a guid host's welcome.
	But I gied ma wurd. Fit I hiv deen,
	I hid tae dee. Forgie me, mistress o this place,
	gif she ye be.

KLYTEMNESTRA	Ye sal be treatit weel. Fear ye na,
	ye are nae less freends fir bearin ill tidins.
	Cam ye wi me, an ye sal hae guid ludgins.
	But afore I kin dae aucht else,
	I maun speak wi ma laird.

KLYTEMNESTRA EXITS BY THE STAGE LEFT DOORWAY, INDICATING TO ORESTES AND PYLADES TO ENTER THE STAGE RIGHT DOORWAY.

CHORUS 2	O Yird-Mither, at nourises us aa, claithes us aa, an gies raist tae aa, when their time his cam, I beg Ye, gie o Yer pooer tae Orestes, i his time o trial!
CHORUS 3	Noo I cry tae aa oor Goads, roose yersels an gie tae Orestes aa the strength at 's needin, tae dae his richtfu bluidy wark.
CHORUS (OM)	Orestes darg is but stairtin. Whae micht say or richtly ken tae whaur it sal tak him?
CHORUS 1	O ye Goads, luik ye doon frae lofty Olympus. Luik ye doon an gie strength tae Orestes in 's trauchle an in 's darg. Lat hin gie back tae us aa. Aa that. Aa that we hae loast.
CHORUS 2	Help the yin at sal gie back tae his ain fowk, their launs an their life.
CHORUS 3	Tak Orestes intil yer care, o Zeus. Gie him strength tae fin an mak his fate.
CHORUS 2	Lang his Argos liggit beneath a tyrant's yoke. I pray at Zeus gie til Orestes strength tae brak it.
CHORUS 1	Orestes sal, wi the help o the Goads be nae murtherer. He sal lig unchairgit o ony crime, seein he but revenges his ain wrangs.
	AEGISTHUS ENTERS FROM THE STAGE LEFT DOORWAY.
AEGISTHUS	Ma gude deem cam rinnin, tellin me at her bairn, Orestes, wis deid an brent tae ash, an prayers hid been murmerit ower his corp. Orestes, deid i a faur-awa laun. I wid fain ken gif this be sae, or some mere rumour, spread bi some unwise budie, heedless o whit 't wis they were sayin. Cam noo, ye weemen o Argos. Tell me whit ye ken.

CHORUS (OM)	We hae heard sic a tale. But we are but weemen, as ye say. Gey easy tae alarm, an tae confuse. Mebbe it's nocht but some ill ruse.
AEGISTHUS	I sal spik mair wi this merchant chiel, Fin oot hoo it cam aboot Hoo the lad wis slain, Whit wis the wrang o 't, an whit the richt.

AEGISTHUS EXITS BY THE STAGE LEFT DOORWAY.

CHORUS 3	List tae the soond o the blade o Orestes, slippin noo frae its moorins, takin up sail i the clear air, seekin noo the shair hafen o Aegisthus' hairt.
CHORUS 1	Aa the yetts o the hoose staun open, an the licht at 's freedom shines through ilka yin. Noo is cam the hoor o Argos' freedom. Noo is the day dawnin at ends the nicht.
CHORUS 2	Staun ye noo, an list ye. The sword o Orestes sings as it sees the suns licht. The midwife tae freedom. Baith his an oors.
CHORUS 3	Freedom an doom fir Orestes lig lik ae set o twins, yin ilk side o yon fatal blade.

CRIES AND SHOUTS ARE HEARD FROM BEHIND THE STAGE LEFT DOORWAY.

CHORUS 3	The turnin wheel at is revenge an justice an forgieness, taks anither shift. Aegisthus the tyrant noo ligs slainit. Orestes his taen the tyrant's life.
CHORUS 1	Aye. But kin he tak his ain mither's? Sal the bairn yet kill his faither's wife?

KLYTEMNESTRA ENTERS FROM THE STAGE LEFT DOORWAY.

CHORUS 2	Lat us staun aside a while. Whit wis tae be dane, his been dane an i this we hae nae richt tae tak the blame.

KLYTEMNESTRA	I see it noo. See an ken it aa. Aa.

ORESTES ENTERS FROM THE STAGE LEFT DOORWAY.

KLYTEMNESTRA	Fetch me an axe frae yon shammles! Lat me see gif I kin kill afore I dee! Na. Dinnae, fir I ken whit I cannae dae. Orestes, ye are yet ma bairn. At I nourrisit afore ye hid a name, at wisnae Klytemnestra's bairn I mind yer een, sae bonny tae ma ain. Hoo I forgot the pain ye 'd gien me Hoo Agamemnon puffed wi pride at the lauchin soon o ye, fillin the hoose o Atreus, Lik it wis a jug spring-lik wine. Ye are ma bairn Orestes! No a snake, at I micht slauchter. I ken fu weel at whit ye maun, ye sal dae.

ELEKTRA ENTERS FROM THE STAGE RIGHT DOORWAY.

ELEKTRA	Apollo his gien tae ye the wurd, Orestes, an the Goads sal guide ye. Wid ye then be hatefu, tae baith Goads an Men?
ORESTES	I hear ye, ma ain douce sister. Though I bewray ma ain flesh an bluid, I salnae bewray wir Goads. I sal revenge ma faither. Cam, noo... Na. I cannae cry ye at, whae murtherit oor faither, whae sent me awa, tae bide exile, fin I wis but a loon.
KLYTEMNESTRA	I brocht ye furth. Nourrisist ye. Orestes, I wid fain grow auld aside o ye.
ORESTES	Ye wid grow auld? I this hoose o Atreus? The hoose at ye hiv brochen tae pieces?
KLYTEMNESTRA	Ye were ower smaa, when it befaa, Orestes, tae ken whit 't wis at wis haippenin. Yer ain sister, Iphegenia wis butcherit at order o bauld Agamemnon, tae win a fair win fir his greed-sodden trieres, saillin fir Troas.

ORESTES	Daith cryin oot fir daith cryin oot fir daith. An sae noo I cry tae the topmaist touers o Argos, "Daith!" Daith upo her at is nae mither. Daith upo her at sent me intil exile.
KLYTEMNESTRA	Ye were but pitten awa fir yer ain bairn-sake.
ORESTES	Ye wid hiv me tak heed o sic a tale?
KLYTEMNESTRA	There wisnae a day, an hoor at passit, I didnae think o ye, an mourn fir yer bairn-sake. Think ye at bauld Agamemnon wid hae thocht sae o ye? Think ye at he wid hae mourned fir ye, an socht ye oot? Aa at wis i ma min wis nocht but fir yer ain guid.
ORESTES	Whaes guid? Mines, or Aegisthus?
KLYTEMNESTRA	Think ye the bauld Agamemnon blameless? At rippit ma ain dochter frae ma airms? At flung Cassandra, his hizzie, fu i ma face? Ye sal fin ere lang, Orestes, at wi guilt, there is nae endin.
ORESTES	I sal yet 'scape the curse o the hoose o Atreus. But fir ye there is nae escapin fit ye hiv chosen. An at is daith.
KLYTEMNESTRA	Bairn, noo I dae ken. Ken at ye are nae phantom. Nae wraith ye. Ye are yon snake I nourrisit i a dream. The snake at rippit ma breist an pisined me.
ORESTES	The time is noo gey near, fir a murtheress tae dee.
	ORESTES EXITS WITH KLYTEMNESTRA BY THE STAGE LEFT DOORWAY.
CHORUS 1	I maun yet grieve fir Klytemnestra, Deein 'mangst her splendour.
CHORUS 2	Yet lat us cry aa-hail tae Orestes, the cutter o the bluid-cheyne!
CHORUS 3	wrappit wi guilt aa aroon the Hoose o Atreus, Aa aroon the toun o Argos.
CHORUS 2	Aa hail tae Orestes, at his cleansit the Hoose o Atreus!

CHORUS 3	Yin his cam back, whaes darg is gey haurd, whaes road is yet lang, but whaes back is strang enuech tae bear the ill burthen he maun cairry. The Goads sal gie him strength, til his darg be dane.
CHORUS 2	Yince mair hae we freedom, tae worship wir Goads wycely.
CHORUS 1	Time's the thing at maks aa cam richt. Orestes sal wash the bluid frae the waas. The dice hae faaen fir the richt cause. Argos is itsel yince mair.

ORESTES ENTERS FROM THE STAGE LEFT DOORWAY.

ORESTES	O mither, mither, fit hiv we deen? Fit is this madness at drives us aa? Aegisthus' brithers champit i the mou o their ain faither. Puir Iphegenia, sister at scarce I kenned, deed at ma ain faithers haun, an at a priest's whim. Ma ain, ain mither brocht tae bewray her ain laird, an sae revenge her ain wrangs. Cassandra, Princess o Troas, deid fir nocht but the lust o a warrior, an i a faur-awa laun. Sal there nivir be an end? Na! Fir it rins yet i ma bluid an aa.
ELEKTRA	Say ye na! Lat this be an end tae aa.
ORESTES	Am I no o the Hoose o Atreus? Mines is the bluid o Agamemnon an Klytemnestra. Luik ye - there 't is! I hae the taint still! Sal there nivir be an end til this auld, auld sang?
ELEKTRA	Say ye na!
ORESTES	Fit hiv I deen?
ELEKTRA	Nocht, sauf whit ye hid tae dae.
ORESTES	The Goads alane kin gie me peace an raist. Tell tae me, fit wis the eese o sic a darg? Fit wis the pint o sic a shammles as yon? I caa noo upo ma faither. An tae Yin at is mair nor Faither tae aa the warld. Zeus alane kin gie me peace, an tell tae me gif I hiv deen fit I hid tae dee.

CHORUS 3	Klytemnestra, at wis robbit bi daith o aa yer pooer an beautie, ken noo the skaith Orestes noo stauns smooered wi 's ain bluid. Evil sal cam frae whit he thocht wis guid. There stauns nocht sauf a meenute's pause, atween triumph an shame.
ORESTES	Shair it is, at I sal mourn fit I hiv din. An fir aa, at is o Atreus' hoose. Fit I hiv din, I hiv din alane. Yet I see nae end tae this tale o murther, o vengeance unendin, yin oan ither. Still I cry, at I hid the richt, tae kill her I yince cryit "Mither". The bluid o Agamemnon liggit upo her, cryin oot tae be avengit. I wis promisit bi Apollo at I suldnae suffer. At I wid hiv nae thocht o guilt. Yet sae I dee. There's nae avidin the shairp irins twistin vengance intae guilt an pain. I maun tak me tae the Shrine o Apollo, an stare intae the flames at canna dee. Yince mair I gang frae Argos, exile. Gae as Agamemnon's avenger, an the murtherer o ma ain mither.
ELEKTRA	Spik nae evil o yersel, Orestes! Ye staun yet Argos ain King. Whit ye hae dane, ye did fir the fowk o wir toun, an fir me, at stauns yer leal sister. Whit ye hid tae dae, ye hae dane.

THE CHORUS TURN UP STAGE, AND PUT ON A LARGE COMMUNAL CLOAK. WHEN THEY TURN DOWN STAGE THEY HAVE BECOME THE FURIES.

ORESTES	Elektra, see yonder! Ither fowk noo luik at me. Ither weemen. Nane at I ken. Garbed aa i bleck, but no fir mournin. Their neives an blades pint at the hairt o Orestes.
ELEKTRA	Ye see naethin sauf ghaists. At gang til their raist. Dear are ye tae the Goads, Orestes. Tae yer deid faither, an tae me. Lat nae fears redd ye, o ma King.

PYLADES ENTERS FROM THE STAGE LEFT DOORWAY.

PYLADES	Whit is 't ails ye, Orestes?

ORESTES	Bleck ligs the sicht afore ma een, Pylades. Ye at is ma lealest friere, at his wanderit gangrel wi me ower mony's the weary mile, ye tellt me hoo it wid be, an sae it is. Noo is there naewhere at I micht hide, frae thae Furies o ma mithers curse.
ELEKTRA	An I say ye see nocht, sauf a bit bluid, at ligs yet upo yer haund. The bluid at 's justice is yet mair nor we kin unnerstaun.
ORESTES	Elektra, I gie ye fareweel. Fir yer ain dear sake, an fir mine, I maun leave the douce pairks o Argos. Pylades, at is ma ain leal friere, I gie ma sib intil yer keepin.

*ORESTES EXITS BY THE STAGE LEFT DOORWAY,
PURSUED BY THE FURIES.*

ELEKTRA	Whaur'er ye gang, Orestes, ye sal see nocht. Nocht sauf the pairks o Argos. Nocht sauf this bonny toun. Nocht sauf yer sib, at yet greets fir ye.
PYLADES	I tae weep fir Orestes, kennin at his lang darg's but his alane. We hae been brithers thegither, but at day his gane. Orestes maun fin' s ain wey hame, wi nane but himsel tae guide him. Orestes, mony's the weary mile at we hae trampit. Mony's the daurk nicht we campit aneath the staurs. Mony's the cauld win we endurit, neath nocht sauf ae blanket.
ELEKTRA	An whit is it noo at ye wid dae? Whaur is it noo at ye wid be? An wi whae?
PYLADES	I time cams time fir aa things. Fir rejicin an fir weepin, fir hurtin an fir healin. Sae I sal bide here, til Elektra sal weep the tears at she maun. Fir Orestes, at intil exile gangs, tae face his ain Furies. Fir Aegisthus, at hid tae dee tae free the fowk o Argos, an especial fir her mither, at but did as she hid tae dee. Elektra, fin ye cam tae weep, lat me be wi ye!

*PYLADES AND ELEKTRA EXIT BY THE STAGE RIGHT
DOORWAY.*

END OF ACT 2

ACT 3 - ORESTES

ORESTES LIES ASLEEP UPSTAGE. THE FURIES ARE SEATED DOWNSTAGE, WEAVING A NET, USING LARGE HOOK-LIKE NEEDLES. DURING THE FOLLOWING SPEECHES, ORESTES CONTINUES TO SLEEP, BUT APPEARS TO REACT.

FURIES (OM)   Furies are we three cryit,
Dochters o the Queen o Nicht
at tak upo oorsels the fury o aa the warld.
We live wi daurkness an wi nicht,
seekin thae whae hae dealt i bluid.
Nae raist hae they frae wir haud,
gif there be guilt o daith, we dinnae sleep.
Nae mair dae thaim at are guilty.

FURY 1   Orestes is this yin cryit.

FURY 2   Him at killit his ain mither.

FURY 3   Made o shammles o 's ain wame.

FURY 1   Noo he hisnae ony hame.

FURY 2   Sauf the yin we sal gie him.

FURY 3   I the daurk o the Nether Warld.

FURIES (OM)   An sae we weave oor net
an in 't we sal bind him yet.
Bind him fest an haud him ticht
an drag him doon tae the Nether Warld
tae daurkness ivir an tae endless nicht.

FURY 1   See, mither! I hae amaist feenished!
Soon sal this wark o oors wrap itsel
aroon the corp o Orestes!

FURY 3   Ye hae dane guid wark this nicht!
Sic knots as thae sal haud Orestes ticht.
Sic a net as thon sal rax Orestes' thrapple!

FURY 2   An wi thae hooks we sal draw the lichts
frae oot Orestes!
Soon he sal ken the pain
at yince he gied his mither!

FURY 3	Her at wis Argos' Queen, bauld an bonny Klytemnestra! At killit her man, Agamemnon, fir the slayin o their dochter, her at wis cryit Iphegenia.
FURY 1	Orestes, son o Agamemnon cam hame frae exile lang. Fun oot whit his mither hid dane, an i bluid-rage, killt her.
FURY 2	An noo, fir the guilt o sheddin the bluid at nourrisit him afore he wis a bairn, Orestes maun dee. Sic his been the law fir aye.
FURY 3	An sal be ivir! Orestes we hae harrit ower laun an sea, til noo he ligs afore Athena's altar. Frae Argos tae Apollo's shrine he ran, howpin at the Goad wid sauf him. Weel, noo he kens Apollo hisnae.
FURY 2	Nae mair sal bricht Athena, at redds Athens fir Zeus, the Aa-Faither, cheat us o ye, Orestes, at are noo oor prey. Dae whit ye wull, beg, plead or pray, ye wullnae, salnae 'scape us.
FURIES (OM)	We are the fury o aa, at live i the min o aa, ivir an aye. Bluid maun be avengit wi bluid. Sin the warld began, sic his been the cry.
FURY 3	Sae noo lat us dae whit we maun.
FURY 1	Noo at last, hae we brocht Orestes tae this yird.
FURY 2	Smell the bluid o her he killit. Naethin but bluid kin bluid assuage. The hauns o Orestes sal ne'er be clean, til his bluid sal rin lik his mither's. Frae his corp sal it be suckit. Lat Goads an mortals turn frae it. We fear it na.

FURY 3	O, Orestes, at wid be a King! Yet, tae be yin, did a wicked thing. Ower the yird ye wid hae waulked, i pooer an i glory. I the Nether Warld, it'll be a different story.
FURY 1	See hoo wir cloak o bleck laps roon his feet!
FURY 2	See hoo we glide ahint an aroon. Soon sal we hae his corp. Soon.
FURY 3	We whae live i the sunless mirk sal soon taste the flesh o a bonny birk!

THE FURIES GATHER UP THE NET, AND MOVE TOWARDS ORESTES. AS THEY DO SO, HE WAKENS, AND TURNS TOWARD THE CENTRAL DOORWAY.

ORESTES	I ken at I maun staun here. There's nae turnin back fae the foont o justice. Fin sal I suffer nae mair the curse o ma mither? I cannae mind hoo aft I hiv tellt fowk o her daith. Nane at heard me condemnit me lik thae Furies.
FURY 3	Orestes, ye sal be draggit doon tae Hades, whaur they whae kill their ain kin are punishit. Yon is whaur ye maun luik fir judgement, no here.
ORESTES	Noo I cry tae Athena. O, Goadess, lippen taeme! Whaur e'er ye be, I beg ye, lippen, an help me! Enemies surron me noo. Cam, Athena! Gie tae me a sign!
FURY 1	Ye maun ken noo, Orestes, at ye are loast. No Athena nor Apollo kin help ye noo. As ye hae wanderit ower laund and sea, sae ye maun wander i the Nether Warld.
FURY 2	List tae 's, Orestes. Fine ye ken at we but dole oot justice. We dinnae hairm thaim at are innocent. But ye hae wranged the deid. I life or daith we winnae, cannae leave yer side.
FURY 3	The Mither O Nicht is oor mither. The Sun Goad himsel cannae staun agin her. He cannae sauf ye, cooard at trimmles at the altar. But ye sal fin at we winnae desert ye, Orestes!

FURIES (OM)	We sal hunt ye intae the silent laund, whaur ye sal fin nae help tae haun. Thae whae slay their ain kin, sal fin we dinnae owerluik their sin.
FURY 1	There sal be nae Goad whae sal tak yer side. Oor reach is lang. Fir ye, Orestes, mither-slayer, oor hairts are strang. We sal yet hae justice. An bluid fir bluid. Sufferin, new-birthed frae bluid, sal richt an auld wrang.
FURY 2	The darg o 't ligs wi us. Nane else. The Goads o Olympus cannae touch us. Tae the fowk o this yird, we hae nae richt nor reason fir whit we hae tae dae.
FURY 3	We staun despisit. Bluid-mairkit. Barrit frae cooncil an conversation. There's nane gies us oor name. Fir us there is nae glory, nae honour nor fame. Yet we lig silent i the hairt o aa.
FURY 1	His mithers bluid still clings tae 's skin, an cries tae us tae follae him. An sae we hae, fir mony's the day. Til oor braith wis amaist gane. Seas hae we crossit, launs traversit, bairn o Agamemnon. Noo the hoor his cam, at ye sal dee!
FURIES (OM)	The face o justice is fixit an grim. Orestes maun ken hoo it luiks at him. We are the dochters o the Queen o Nicht. Queen o pooer, o justice an o richt. Deidly are we tae the leevin an the deid. Oor task, at evil micht be punished.
ORESTES	O Athena, I beg ye, luik kindkly upo me! The wull o Apollo his brocht me tae ye!

ATEHENA ENTERS FROM THE CENTRAL DOORWAY.

ATHENA	I thocht at I heard yin cry tae me. Yin at langit tae be free o hairdship an o trauchle.

ORESTES THROWS HIMSELF TO THE GROUND BEFORE ATHENA

ATHENA
Whae is this, at clings sae tae ma alter?
Whae are thae bleck hags,
at staun sae ready, tae gie him mair pain?
I fear ye na. But whae are ye,
at are neither Goads nor weemen?
Staun ye fest!
I salnae judge ye bi yer ugsomeness.

FURIES (OM)
We are cryit the Furies.
Ye maun ken wir name.
Bairns o dairk an mirk,
at hae nae place tae cry oor hame.

ATHENA
I ken yer name.
I hae seen yer wark.

FURIES (OM)
Sae ye sal ken oor darg an richt,
tae hunt sic a murther intil the nicht.

ATHENA
Dae ye gie thaim nae raist?

FURIES (OM)
Aye. Sae we dae. I the Nether Warld,
at is cryit Hades.
Whaur they maun gie ower ony howp.

ATHENA
An fir this yin tae, sal there be nae mercy?

FURY 3
He killit his ain mither!

ATHENA
Belike, he wis forcit tae sic a deed.

FURY 2
Whit micht mak a bairn
mak ruin o 's ain wame?

ATHENA
I hae heard hoo he is chairgit.
But whit says the man?

ORESTES
O Athena, I beg ye, luik kindly upo me!
The wull o Apollo his brocht me tae ye.
I hiv bin driven bi fury.
Noo the Furies o ma deid mither
hiv driven me tae ye. I hiv passit through fair launs,
an pooerfu cities. Hiv crossit mony seas.
Time his robbit me o anger, an o shame.
Noo at I ken masel, I cry tae be judgit.

FURY 1	Naethin at he micht say sal weaken oor testimony.
ATHENA	Ye cry oot fir vengeance. Ken ye na at whaur there is law, there maun be justice tae?
FURIES (OM)	E'en ye, o wise Athena, cannae jink whit's the truth. Goadess o aa wisdom, see. we gie oor case ower tae ye.
ATHENA	Ye maun accept whit sae ivir judgement sal be gien.
FURY 3	Goadess, sae lat it be.
ATHENA	Ye, man at I dinnae ken, no yer fowk, kin, nor toun, whit crime is 't brings ye here? Lat me hear yer truith, an chuse, gif ye are deservin o blame or pardon.
ORESTES	Luik no upo me as if I wis deservin o the anger o thae Furies. I cairry nae taint o bluid upo me, nor yet upo ma sowl. I but did fit I hid tae dee. Nae mair. Agamemnon wis ma faither cryit. A bauld warrior, at wis king o Argos.
ATHENA	Agamemnon is kent tae 's.
ORESTES	A maister o mony ships an men. He brocht the touers o michty Troas yince mair tae naethin but steens. Aifter the darg o years o battle, cam Agamemnon hame. He fun nae welcome there, sauf daith. Ma mither, at wis his ledy, Klytemnestra, stabbit him til 's hairts bluid. The steens o Atreus' hoose ran reid wi bluid. I wis a loon, at wis exilit, fir 's ain bairn-sake, an sae kent nocht.
FURY 3	Say ye na at ye kent nocht!

ORESTES	I cam hame, an fun oot fit hid been din. Sae I avengit the faither at scarce I kent. Avengit him upo the corp o ma mither, an upo the tyrant Aegisthus, at wis her lover. Bluid cryit oot fir bluid, an fit wis din I hid tae dee. Fit wis din wis vengeance, an sae nae murther!
ATHENA	An it's sae ye tell me?
ORESTES	Goadess, I swear tae ye at I could dee nane ither. Noo, lat me be judgit.
ATHENA	Sic a maitter is ower haurd fir yin tae judge it. E'en a Goad wid fin it haurd, bairn o Agamemnon. Athena salna try yin at his cam tae Her sae freely. Yin at but seeks justice fir 's case.
FURY 1	We tae seek nocht sauf justice. Fir a case at 's murther.
ATHENA	Ye Furies seek justice bi yer ain licht. Gif it suld gang agin ye, ye sal send yer anger tae pisin aa fowks nichts. I cannae lat yer wrath ower-clood this toun. Vengeance his aye been whit 's brocht mortals an aa their warks doon.
FURIES (OM)	Goadess, the maitter we lig intae yer hauns.
ATHENA	Hear me, then, fir I noo say, at frae this day, mortal sal judge mortal. Sift whit's true frae whit is faus, an, 'neath a bindin aith, chuse whit is just an richt. Sae. Lat me noo chuse twal fowk tae tak a share, an sae mak decision oan this crime o murther.

ATHENA GOES INTO THE AUDIENCE, AND SELECTS TWELVE OF THEM TO BE JURORS.

FURY 3	Gif murtherers gang free. an cooards cling tae the skirt o a Goadess, aa oor auld laws tae sal dee, an custom be set at nocht.
FURY 2	Whae then sal live wioot fear?
FURY 1	Kings an Queens, lairds an leddies sal cry, " Luik ye! They dee! They dee! " An whae then sal avenge?

FURY 3	There's nane. The deid sal seek vengeance through us, we at salnae, cannae gie it.
FURY 1	Fear sal then be the ainly wisdom. Vengeance sal be as nocht.
FURY 2	Strait is the wey o justice. Narra is its wey atwixt roch an ridge. Aa at ony need is yin faus thocht, tae tummle tae their end.
FURY 3	Thae whae follae their ain desire vyage oot intae chairtless watters. Soon eneuch they sal fin oot whit maitters.
FURY 2	At they cannae bend the wins o Life, tae vyage as they wull.
FURY 1	Whit sae 'er sal befaa, mind the wurds o the Furies; "Justice is aa that is sauf, an aa that is shair fir aa an fir aye."

ATHENA HAS RETURNED FROM SELECTING THE JURORS.

ATHENA	Lat me noo gie aa here warnin. I hae chosen frae aa here assemblit, twal honest fowk. Lat thaim whae sal gie judgement tak tent o whit is spoken, list tae aa the airgyments, gie aa maitters thocht, afore they cam tae judge. Nae life is tae be disposit o lichtly, lik it wis naethin but a cruisie's licht.

APOLLO ENTERS FROM THE CENTRAL DOORWAY.

FURY 3	Whae daur meddle i sic a maitter? Apollo, ye hae nae richt here. Awa wi ye!
APOLLO	I sal speak as a witness. This yin cam supplicant tae ma ain alter. He cleansit his sowl o bluid an guilt, as is the custom. Noo at the hoor o 's trial, I sal staun aside o him, as I stuid aside him afore.

FURY 3	Ye?
APOLLO	When he wis a murtherer, as ye say.
ATHENA	Lat the maitter proceed. An lat thae Furies spik erst. O whit they chairge, lat aa tak heed.
FURY 3	Aa kin see at we three hae three heids yet the ae body. Likwise, we hae need o but ae tongue. Answer noo tae whit is speirit, Orestes. Dae ye confess at ye killit yer ain mither?
ORESTES	'T was I at killit Klytemnestra. Fit wey suld I deny at?
FURY 2	Then here ligs the erst coont agin ye. Three thegither sal mairk ye fir daith.
ORESTES	Then there's twa yet tae gang.
FURY 1	Tell tae us whit wey ye killit yer mither?
ORESTES	I grippit her bi the thrapple, an ma blade fun a hame.
FURY 3	An whit wey were ye forcit tae sic an act? Whit promise or whit shame wis it, at made ye dae sic a deed?
ORESTES	The Oracle o Apollo bad me dee fit I hid tae dee.
FURY 2	Mean ye at it wis Haly Apollo, at bad ye tae kill yer mither?
APOLLO	I, Apollo, whae his nivir dealt i wrang, nor socht tae slander ony mortal, lat me spik an spier. Mind at ye hear Zeus, at is ma Faither, An is Faither tae Aa. 'T is His wurds at I gie ye. Sae noo ye ken, at I sal spik nocht but truith.
ORESTES	Ma deed wis nocht, sauf the wull o the Goads. I hiv din nocht, sauf obey Their laws.

FURY 3	Sae ye wid tell us, Apollo. But fine we ken at Zeus avenges nane but faithers. A wumman is nocht tae Him. No e'en gif she be a mither.
APOLLO	The daith o Agamemnon wis nae rare haipenin. Sceptered an crooned wis Agamemnon, an bi Zues, made King. I howp at nane o ye wid a tyrant sairve, yin at wid rebel agin the micht o the Aa-Faither?
FURY 1	I cry upo the fowk here assemblit, tae chuse whae his, or hisnae obeyit the law.
ORESTES	Ye Furies, at boast o a taste fir justice, Fit wey did ye no track Klytemnestra doon? Fit wey is it she 'scapes yer dauntless pursuit o murtherers?
FURY 2	Klytemnestra wis nae bluid-kin tae Agamemnon.
ORESTES	Lat me tell ye, at tae Klytemnestra, I claim nae kin!
FURY 3	Lat us hae nae reek at 's nae a fire! Klytemnestra wis yer ain mither, juist as shair as Agamemnon wis yer sire!
FURY 2	Hoo were ye birthed, then, Orestes? Ye cam intae the warld bi the same gate as aa! King or tinkler, orra-loon or prince, 'T is a mithers bluid at nourisses her weans. 'T is a mithers bluid at rins through aa their veins.
FURY 1	'T was Klytemnestra's ain life's bluid at nourissit ye.
ORESTES	Klytemnestra wis twice a betrayer. Tae baith her laird an tae oor laws.
APOLLO	Athena, Goadess, I wid hae ye see, at I speir fir nocht, sauf justice alane. A bauld warrior wis Agamemnon, at focht haurd an lang fir Argos an his fowk. But nae javelin, thrown frae the waas o Troas cut him doon. Agamemnon deed at hame. I the verra breist o 's faimley. Grippit i the roch embrace o Klytemnestra. Helpless as a bairn yince mair, hackit tae daith.

FURY 2	I the een o Zeus, is murtherin a faither, then, the worst o crimes?
FURY 1	Zeus himsel his smaa room tae spik, Him at castratitit His ain faither, Kronos! Noo the auld yin ligs i chains.
FURY 3	A eunuch-prisoner aa the days o this yird. I say at the justice o the Goads his nae compassion. There's naethin there but mean ambition.
APOLLO	Hoo kin sic craiturs as ye howp tae unnerstaun Zeus, at is Aa-Faither? Ye feed oan nocht, sauf dairkness, an yer ain cruelty. Fowk are but mortal, an they dee giein thanks fir baith life an the end til it tae.
FURY 1	Say ye then at Orestes hid nae howp, sauf tae avenge his faithers daith, oan his mithers corp? Sal we see murther waulk sauf in Argos, an slake its drouth, an sae be cantie? Sal there be nae revenge fir sic a crime?
APOLLO	Sic craitters as ye are thirled tae fate, an sae tae the Goads. Aa at are leevin maun bide the weird at ligs afore them, e'en afore they tak a braith. Lat me gie tae ye the law, an then I am dane. Nae faither nor mither is richt parent til a bairn. Nane but yin at nourises a bairn wi lou an patience, kin claim sic a richt. An o whilk parent o Orestes, micht sic a thing be said? A mither is but yin at nourises a seed, an i guid time an season, brings it forth, tae life. Fir sic wark, wi its share o darg an pain, tae Klytemnestra, at wis Orestes' ain mither, The Goads maun gie favour. But fir nae ither reason. Orestes cam hame frae exile, tae fin his faither murtherit, an whit wid hae been his richt estate confiscate, i the hauns o anither, yin whae hid his ain wrangs tae revenge. Whit wid ye hae hid Orestes dae? O wise Athena, nae mither micht bare a bonnier bairn nor ye, Whae sprang, unmitherit frae the heid o the Aa-Faither. Dochter o Zeus, whaes buckler gairds this prood toun o Athens, I lig afore ye, the case o Orestes.
ATHENA	Eneuch his been said bi aa. Lat the fowk at are here assemblit judge Orestes.

FURY 3	We hae said whit we maun say, an noo we maun bide fir justice upo this day.
ATHENA	Here upo this roch at is cryit the Hill o Mars, sal guilt o bluid erst be judgit bi the fowk. Noo, hear hoo I instruct ye. Twal guid fowk an true, at are honest, an weel kent aboot the toun, sal meet here, upo Mars' Hill, when e'er there sal be bluid-guilt tae be judgit. I sic a place as this, richt fear an respec lig upo the hairt.
FURY 1	Lat me gie ye a warnin, gif ye mak faus dealin, yer toun sal suffer plague.
APOLLO	Mind noo, at I spik fir Zeus, Him at is Faither o Aa.
ATHENA	Lat aa tak heed o this toun's laws. Gif aa o ye staun bi the law, it sal pruve tae ye a buckler, At no even a Goad micht match. Lat coort an jury pruve themsels tae hae nae corruption, sic as micht bring tae the law destruction, an lat thaim punish, gif there is need, an o the richt o innocence tak heed.
	ATHENA TURNS TO THE JURORS.
ATHENA	Noo ye maun decide. Mak shair ye tak heed o yer aith.
	APOLLO AND THE FURIES SPEAK IN TURN TO THE JURORS AS THE VOTES ARE BEING CAST.
FURY 2	Dinnae lee at ye hae Zeus' consent. Ye hae nae authority tae forgie murther.
APOLLO	Mind at Zeus wis o Ixion uphaudin - him whae first committit murther.
FURY 3	Apollo gif ye twist oor wurds sae, we sal mind it fin we cam tae curse ye.
APOLLO	'T is strange times, when saufin a life's becam a crime.

ATHENA Gif the vote sal faa even,
I maun gie mine tae Orestes.
It wis ma aid at he cam seekin.

ORESTES Ma hoor o justice is noo, Apollo!
I beg ye tae suaf me, gif ye may!

FURY 1 O blek nicht, Mither o aa Furies,
Help us noo!

ORESTES Fit sal be ma fate?
Tae dee, or tae live?

APOLLO I caa upo ye, Athena,
tae coont the votes maist cairfu.
But yin slip mairks the differ, 'twixt life an daith.

THE VOTES ARE BROUGHT TO ATHENA, WHO COUNTS THEM.

ATHENA It faas sax agin sax.
I sal mak it seivin fir Orestes,
whae back tae Argos sal gang farin.

ORESTES I wis bi a wumman cursit,
Noo am I bi a wumman saufit.
Saufed am I bi Athena an Apollo,
an bi the grace o Zeus, at is Faither tae Aa.
He minded o ma faithers fate,
Fit his been deen is justice,
an fae justice his cam forgieness.

ATHENA Ere ye gang, Orestes, I wid spik a wurd.
Ye didnae win, nor were ye beaten.
The vote wis even.
Sae tae aa, I say lat this maitter raist.
Orestes his been tryit.
Ye Furies, dinnae stricken this laund,
droon aa the craps nor turn the yird tae sand.
Raither wid I hae ye tak yer raist i this fair toun,
tae fin the respec ye are gien, a gowden croun.

FURY 3 Nae leaf sal graw,
aa kye sal barren gae.
Tae sic a judgement we salnae boo,
Sal the Dochters o Nicht hae nae respec?

ATHENA Ye are nae dishonourit,
an I sal mak shair at ye dinnae mairk this laund.
Dinnae mak me yase the pooer I hae.

ORESTES	Athena, Goadess, bi yer grace, the Hoose o Atreus lives yince mair. I sal noo gang back tae the hoose o ma faithers. Back tae the toun at scarce I ken, at wis amaist loast tae me, the while I wis guilt-daft an gangrel.
ATHENA	Sae turns the wheel, frae anger, at cries fir vengeance, an frae vengeance tae the cry fir justice, fir there's nae justice at hisnae the sweet taste o true forgieness in 't. Ye sal fin, aa the days o yer life, at whit I tell tae ye is true. Dinnae step oot wi an ower-lichtsome hairt. This day hae ye been gien a fraish beginin. I cooncil ye tae yase it weel. But dinnae cuist doon yer hairt nor een! Ye cam freely tae be judgit. Nae shame nor disgrace noo clings tae ye. Ye hae been gien life. Ye maun yase it.

ORESTES IS ABOUT TO EXIT BY THE STAGE LEFT DOORWAY.

FURY 3	I wid gie ye the curse o the Goads, gif ye werenae Goads aready! This day are aa the auld laws smashit! Wi whit-lik madness sal they be replacit? We hae nae place i this sair scheme. Tae the fowk whae cam aifter, we sal be nocht sauf a dream.
FURY 2	Ye hae robbit us o oor pooer an place, Athena! Ye at are Zeus' dochter!
ATHENA	Cam, bide here in Athens, wi baith honour an respec.
FURY 1	We are the memr'y o whit his gane. We are the thocht at is yet leevin. Ilk braith we tak is Fury.
ATHENA	Ye are auld i thocht, an think yersels wiser nor ony Goad, at is sprung frae the thochts o mortals. But tak tent o the time at is comin. There sal be a time o michty ower-turnin, o aa that his aaready gane. Sae bide amang us. Gie the fowk cooncil; at yer hinner-end, ye sal fin there is yet gain.

FURY 2	We are the mem'ry o whit is aaready gane.
	We are the thocht at daurkens ilk day.
FURY 1	Are we noo tae be left alane?
ATHENA	I willnae hae it said at Athena,
	at sprung frae the speerit o the Aa-Faither,
	displacit thaim at were afore her,
	didnae bid thaim tae tak a share, an bide.
FURY 1	Whaur is this place ye promise?
ATHENA	Yin at his nae sorrow.
FURY 2	Gin we tak it, sal we hae the pooer?
ATHENA	Nane sal prosper wioot ye.
FURY 3	Sal we gain back oor strength?
ATHENA	I say at ye wull dae sae.
FURY 1	Is this place tae be oors fir aye?
ATHENA	Noo an ivir.
FURY 2	Queen amang Goads, I feel ma anger gae.
	I ken na, whit tae sing, i praise o ye an o this toun.

DURING THE FOLLOWING SPEECHES, THE FURIES TAKE OFF THE COMMUNAL CLOAK, AND STAND DRESSED AS THEY WERE IN ACT 1.

ATHENA	Sing ye nae mair o evil or o ill - fortune.
	Sing raither the praises o this bonny, blythsome laund.
	Sing ye o the bricht watters at claiths its strand.
	Sing ye o aa the fowk at seed an grow upo it.
	Sing ye lik richt guid gairdeners,
	until a tender plant.
FURIES (OM)	Lat us sing, then, o the suns licht,
	at braks, lik a douce wave, ower aa this laund.
	Lat us mak an end o nicht,
	hae dane wi daurkness,
	mak freends yince mair wi licht.

ATHENA	Thon speerits at ye saw noo are gane. Vyagers they were frae daurk tae licht. tae guide an gaird mortals i the sowls daurk nicht. Nae mair lat thaim be cryit Furies.

THE CHORUS HAVE NOW STEPPED OUT OF THE CLOAK, AND STAND BEFORE ATHENA.

ATHENA	Thae at hae passit frae sicht sal be cryit the Kindly Yins, an nae mair sal auld crimes an guilts be brocht afore thaim, seekin judgement. Aa sal learn frae whit his gane, at aa that ligs, an aa that kin lig, atween justice an forgieness is nocht. Sauf silence.

THE CHORUS NOW STAND AROUND ORESTES.

APOLLO	Lat Orestes gang hame-farin, wise Athena. Lat him at ye hae gien freedom tak it.
ATHENA	Fare yersel hame, Orestes. But no alane. Ye sal hae the speerits at cam wi ye tae gaird an sairve ye aa the wey an aa yer days. Lat thaim be lang, fillit wi darg at is fittin, fir yin at kens himsel an the weys o ither fowk. Tak time tae ken the laun at's Argos. Tak time tae tak tent o the fowk at bide there. Ilk day redd wisely, noo ye ken whit is justice, an whit forgieness.

THE CHORUS HAVE LIT SMALL CANDLES, WHICH THEY CARRY BEFORE THEM, AS THEY AND ORESTES MAKE TO EXIT THROUGH THE AUDIENCE.

ATHENA	Mind o at, as ye glower ower the freezin pairks o Argos, dreamin o sic a simmer as ye'll nivir see. Mind it as the ploomen sweat the rigg ahint the owsen, watchin the burdies flee tae whaur they'll nivir flee. Starin at the trees at'll grow mair heich nor they sal ivir be. Seein the fish glint an glide throw the watter tae the sea, at they sal nivir hae a glimpse o. Mind at gif justice be the straitest wey, forgieness is the wey o the Goads. An sic a wey sal be lik a licht tae ye, Orestes. Lik a caunle, lichtit kindly i yer hairt. At sal guide ye hame.

IF POSSIBLE, THE CHORUS DISTRIBUTE SMALL CANDLES AMONG THE AUDIENCE, LIGHTING THEM AS THEY AND ORESTES EXIT.
END OF PLAY.

AFTERWORD

Aeschylus, born at Eleusis around 525 B.C., wrote over fifty two plays, and during his lifetime was awarded thirteen civic prizes for his work. His achievements were recognised after his death by the city of Athens, which empowered the Archons of the city to provide a chorus for anyone wishing to produce any of the works of Aeschylus. The three plays collectively known as' The Oresteia ' - " Agamemnon " , " Chorophoroi " and " Eumenides ", were first performed two years before Aeschylus' death in 456 B.C. They are perhaps a more fitting tribute than his official monument, which only mentions his military service and not his literary achievements.

The story of the fate of the House of Atreus, the murder of Agamemnon and the subsequent revenge of Orestes, was well-known to the audiences for whom Aeschylus wrote. He did not seek to disguise the origins of the drama in a goddess-centred fertility rite, but overlaid this ritual with elements more reassuring to a predominantly male power elite, asserting the primacy of man-made rather than natural law. The resulting text encapsulates several forms of internal conflict, perhaps given clearest expression in the essay on the figure of Orestes by the psychologist Melanie Klein.

The Oresteia has had several translators and adaptors, including John Stuart Blackie, Gilbert Murray and more recently the poets Robert Lowell and Tony Harrison. This adaptation imagines a possible reponse to a request from a financially constrained Athens for an accessible, cost-effective re-working of the text, making use of local varieties of language.

If Klytemnestra is indeed " given a good feminist run for her husband's real estate " , this is secondary to recognising the existence of conflict and tension, within our individual selves and society at large, the thing which makes for the growth of humankind, rooted in our potentially limitless capacity for what we too often choose to believe lies beyond our capabilities - understanding and compassion.